Ebertz Farben der Solidarität

Elisa Ebertz

Farben der Solidarität

Geschichte, Analyse und Systematisierung eines Wertbegriffs

Hartung-Gorre Verlag
Konstanz 2020

Bibliografische Information Der Deutschen Bibliothek
Die Deutsche Nationalbibliothek verzeichnet diese Publikation in der Deutschen Nationalbibliografie; detaillierte bibliografische Daten sind im Internet über http://dnb.d-nb.de abrufbar.

Coverbild: Chris Martin auf Pixabay, eigene Bearbeitung

Erste Auflage 2020
Hartung-Gorre Verlag, Konstanz
ISBN-10: 3-86628-669-4
ISBN-13: 978-3-86628-669-6

Für meine Oma

Inhalt

Vorwort
von Anna Noweck

In dem Moment, an dem ich in meinen Vorlesungen bei der Behandlung der Sozialprinzipien angelange, hallt mir meist ein Stöhnen der Studierenden entgegen, die die Belästigung mit den in ihren Augen altbackenen Prinzipien der Personalität, der Solidarität und der Subsidiarität – zumindest zunächst – eher als Zumutung empfinden denn als Gewinn. Doch so wie das Sozialprinzip der Nachhaltigkeit im Schwung von Fridays For Future nun seit kurzem durchaus interessierter aufgenommen wird, entsteht aktuell im Kontext der sich überschlagenden Ereignisse durch die Corona-Pandemie womöglich der Kairos, auch den Begriff der Solidarität neu zu entdecken. Die aktuelle wissenschaftliche Debatte bildet dies auch bereits in diversen Diskursen ab.

Aktuell, produktiv und gewinnbringend war und ist das Prinzip der Solidarität meines Erachtens jedoch schon immer. Als „ethische Baugesetzlichkeit [...] moderner Gesellschaften“ (Baumgartner/Korff) fungiert es als Kriterium und Korrektiv gesellschaftlicher Entwicklung und vermag als solches diese Entwicklung immer wieder zu schärfen und auf die Grundwerte ihrer Funktion zurückzuführen. Aus sozialethischer Sicht bleibt das Solidaritätsprinzip stets ausgerichtet auf die Personalität – gründend auf der Anerkennung der menschlichen Würde, die verlangt, gesellschaftliche Strukturen auf den Menschen hin auszurichten und seine Möglichkeit eines gelingenden Lebens zum Prüfstein aller strukturellen Setzung und Gestaltung zu machen. Der Aufruf und die Verpflichtung zur Solidarität gehen vom Ziel aus, jeder und jedem ein gelingendes Leben zu ermöglichen, und setzen eben genau dann an, wenn der und die Einzelne daran gehindert ist. Dies wird aktuell in Zeiten von Corona, aber auch in der Reflexion der jüngeren politischen Entwicklungen in Deutschland greifbar und ansichtig; und zugleich zeigen sich genau hier die Bruchlinien in einer Gesellschaft, die sich angesichts der Spannung zwischen individueller Freiheit und Gemeinwohl, Sicherheit und Risiko, von Verteilungskonflikten und Fragen der Zugehörigkeit am Anspruch der Solidarität reibt und zuweilen auch daran scheitert.

Umgekehrt stellt sich damit nochmals in aller Schärfe und Dringlichkeit die Frage nach dem Solidaritätsbegriff, seinem Verständnis, seiner Ausrichtung und seinem Umfang. Diese Analyse hat sich Elisa Ebertz, bis vor kurzem meine Studentin, zur Aufgabe gemacht. Sie hat aus der historischen Auseinandersetzung heraus ein innovatives Kriterienraster entwickelt, das die gegenwärtige Verwendung des Solidaritätsbegriffs prüfen und weiterentwickeln kann. Als Containerbegriff überbeansprucht und insofern auch entwertet, braucht es bei der Verwendung und beim Verständnis des Solidaritätsbegriffs eine klare Perspektivierung, die an vier Punkten orientiert wird: an der *Quelle* der Solidarität, die intrinsisch oder extrinsisch in normativen Vorgaben markiert werden kann; an der *Ebene* – in Bezug auf gesamtgesellschaftliche Zusammenhänge oder als Beschreibung von Interaktions-, Gruppen-, Organisations- oder Netzwerkbeziehungen; an der *Ausrichtung* der Betrachtungsweise der Gesellschaft durch einen vertikalen Blick auf Starke und Schwache oder eine horizontale Perspektive auf Menschen als Gleiche; und schließlich an der *Reichweite* von Solidarität, die sich auf einen abgegrenzten Adressatenkreis bezieht oder sich prinzipiell universalistisch ausnehmen kann.

Die klare Analyse, ihre Weiterführung im Sinn einer Lesehilfe für den Solidaritätsbegriff und die damit verbundenen Möglichkeiten einer (neuen) Füllung und Verwendung des Terminus‘ ermöglichen die Prüfung und auch Entlarvung eng geführter Rede von Solidarität ebenso wie einer zu weiten, belanglosen und damit letztlich leeren Solidaritätsrhetorik. Indem die Studie ihre theoretischen Erkenntnisse auf die Praxis von Politik und Sozialer Arbeit in Deutschland rückführt, zeigt sie die Notwendigkeit und den Gewinn exakter Theoriebildung für den partei- und gesellschaftspolitischen Diskurs und die von ihm ausgehenden konkreten Entscheidungen. Damit leistet sie einen wichtigen Beitrag für die theoretische politisch-ethische Fundierung eines omnipräsenten Terminus', verdeutlicht dabei den enormen positiven Gehalt, der dem Solidaritätsbegriff inhärent ist, und zeigt zugleich, wie mit der Vielschichtigkeit von Solidarität umgegangen werden kann. Es bleibt zu wünschen, dass sich das mit dem Solidaritätsbegriff verbundene Potential für das politische und sozialarbeiterische Verständnis, das Elisa Ebertz hervorragend herausarbeitet, nicht nur für viele weitere Studierende erschließen möge.

München, im Mai 2020

Prof. Dr. Anna Noweck

Katholische Stiftungshochschule München

Einleitung

Solidarität schimmert in mehreren Farben, denn es fällt auf, dass ein und derselbe Begriff mit unterschiedlichstem Gehalt von verschiedenen Seiten für vielfältige Forderungen herangezogen wird. Der Begriff der Solidarität findet sich zum Beispiel im anthropologisch-ethischen Kontext und zielt dabei auf moralische Verpflichtungen, in sozialpolitischen Debatten auch im Zusammenhang mit den Prinzipien der Sozialversicherung oder als sozialwissenschaftlicher Grundbegriff zur Beschreibung sozialer Verbundenheit (vgl. DERPMANN 2013, 19). *Solidarität* wird, zugespitzt gesagt, als „‚catch-all Konzept' – gleichsam als Breitbandantibiotikum" – verwendet und „in den unterschiedlichsten Kontexten beschrieben, beschworen und eingefordert" (THIERSCH 2009, 91). Dass *Solidarität* ein mehrfarbiger (mehrdeutiger) Begriff ist, lässt sich oft am Anfang von Texten lesen, die sich mit ihm auseinandersetzen (vgl. BAYERTZ 1998a, 11; DALLINGER 2009, 12; GABRIEL 2018, 45; GÖBEL, PANKOKE 1998, 463; STEINVORTH 1998, 54). Niemand beansprucht für sich, das Farbspektrum der Solidaritäts-Konzepte vollständig abzubilden (vgl. bspw. DERPMANN 2013, 19).

Auch in den gegenwärtigen gesellschaftspolitischen Diskursen zur aktuellen Corona-Pandemie ist der Begriff im alltäglichen und politischen Sprachgebrauch omnipräsent – und war es bereits zuvor schon. Zahlreiche Wissenschaftler*innen aus unterschiedlichen Fachdisziplinen haben sich der Bedeutungsklärung und Ausformung des Solidaritätsbegriff vielfach angenommen. So kann er nicht ausschließlich einer Wissenschaft zugeordnet werden, sondern findet sich unter anderem in der Philosophie, Soziologie, Psychologie, Rechtswissenschaft, Theologie, Geschichts- und Politikwissenschaft wieder (vgl. BAYERTZ 1998b, 9).

Wozu ist es für die Soziale Arbeit wichtig, sich mit dem Begriff der Solidarität auseinanderzusetzen? Um diese Frage zu beantworten, liegt ein kurzer Exkurs zur Gegenstandsbestimmung und Funktion der Sozialen Arbeit nahe.[1] Silvia Staub-Bernasconi[2] zufolge sind „Soziale Probleme“ Gegenstand der Disziplin und fallen in den Zuständigkeitsbereich der Profession (vgl. STAUB-BERNASCONI 2018, 13).[3] Zur Beschreibung und Erfassung von sozialen Problemen ist ihre Analyse anhand von Dimensionen der Ausstattung auf der Ebene des Individuums (Subjektebene), des Austauschs auf der Ebene der Interaktion (Mikroebene), der Macht und Kriterien auf der Ebene von Organisationen und Gesellschaft (Meso- und Makroebene) notwendig (vgl. ebd., 212ff). Zur Erklärung sozialer Probleme empfiehlt Staub-Bernasconi innerhalb ihres „systemischen Paradigmas“ ein transdisziplinäres Vorgehen (vgl. ebd., 223f).[4] Die Generierung und Thematisierung von sozialen Problemen vollzieht sich nicht ohne die Bezugnahme auf Werte, die „Basis sowohl für die Freiheit von Not als auch die Freiheit zur Selbstverwirklichung und Mitgestaltung des Gemeinwesens“ (ebd., 228) bilden. Daraus folgt, dass Werte wie Freiheit und Gleichheit bei der gesellschaftlichen und professionellen Konstitution von sozialen Problemen von erheblicher Bedeutung sind. Neben den eben genannten und Toleranz, Achtung vor der Natur und gemeinsam getragener Verantwortung zählt laut Millenniumserklärung der Vereinten Nationen auch *Solidarität* zu den Grundsätzen und Werten, „die sich als zeitlos und universal“ erwiesen hätten (vgl. VEREINTE NA-

[1] Der systemisch-prozessuale Ansatz von Silvia Staub-Bernasconi dient in der vorliegenden Arbeit als Grundlage für das Verständnis von Sozialer Arbeit. Die vermehrte Rezeption dieses Ansatzes spricht für seine Anerkennung in der Sozialen Arbeit, schließt andere Verständnisse jedoch nicht aus. Auf die Darstellung des Diskurses über den Gegenstand Sozialer Arbeit und die Abwägung zwischen bestimmten Ansätzen wurde verzichtet, um der Analyse des Solidaritätsbegriffs ausreichend Raum geben zu können.

[2] Silvia Staub-Bernasconi: 1936 in Zürich geboren, dipl. Sozialarbeiterin, emeritierte Professorin der Technischen Universität Berlin, Institut für Sozialpädagogik; weitere Lehraufträge an verschiedenen Hochschulen und Universitäten; bis 2012 begleitete und konzipierte sie u.a. den Berliner Masterstudiengang „Soziale Arbeit als eine Menschenrechtsprofession“ und initiierte „Social Work as a Human Rights Profession“ an der Alice-Salomon-Hochschule Berlin mit (vgl. STAUB-BERNASCONI 2018).

[3] „Zum Stand der Diskussion über Soziale Arbeit als Disziplin und Profession im deutschsprachigen Kontext“ siehe STAUB-BERNASCONI (2018, 125ff).

[4] In diesem Zusammenhang spricht sie sich gegen ein „von den Bezugswissenschaften abgekoppeltes Fach“ (ebd., 224) aus.

TIONEN 2000, 5ff). Wie die vorliegende Arbeit am Beispiel des Begriffs der Solidarität zeigen wird, ist die inhaltliche Füllung der Wertbegriffe vom gesellschaftspolitischen Kontext und seinen Akteur*innen abhängig.

Auch der Soziologe Karl Gabriel konstatiert:

> *„Unbestritten gehört die Semantik der Solidarität zu den zentralen Semantiken des deutschen Wohlfahrtsstaats. Will man die Tiefengrammatik des deutschen Wohlfahrtsstaats und den Weichenstellungen seiner historischen Entwicklung auf die Spur kommen, darf die Beschäftigung mit der Solidaritätssemantik nicht fehlen“* (GABRIEL 2017, 331).

Wenn hier von Wohlfahrtsstaat die Rede ist, welches Verhältnis besteht zwischen der Sozialpolitik und der Sozialen Arbeit? Nach dem Volkswirt und Politologe Werner Schönig existiert zum einen *„ein Bereich regelhafter sozialer Probleme und generalisierender Problemlösung“* (SCHÖNIG 2013, 37). Regelhaft sind die sozialen Probleme in dem Sinne, dass sie bei der Mehrheit der Menschen im Lauf des Lebens ähnlich auftreten. Diese Probleme zählen zum *„Kernbereich der Sozialpolitik“* (ebd.), die zur Problembearbeitung Personengruppen typisiert, einen überindividuellen gesetzlichen Rahmen schafft und dementsprechend dauerhaft auf der Suche nach generalisierenden Problemlösungen ist. Diese sind Ergebnis langfristiger politischer Aushandlungsprozesse, wie anhand aktueller tagespolitischer Debatten beispielsweise über die Reformierung von Hartz IV[5] zu sehen ist. Aushandlungsprozesse in der Sozialpolitik sind nicht selten durch „pfadabhängige[r] Entwicklungen, institutionelle[r] Kulturen und parteipolitische[r] Programmatik in Verbindung mit einem technokratisch-administrativen Habitus“ (ebd., 38) geprägt. So bestimmen die regierenden

[5] Die Reformierung von Hartz IV wurde von der Partei BÜNDNIS 90/DIE GRÜNEN und der Sozialdemokratischen Partei Deutschlands angestoßen. In einem Beitrag des SWR2 Forum zum Beispiel ist bereits der Solidaritätsbegriff im Titel enthalten und mit der Frage nach der Ausrichtung der Sozialpolitik verbunden: „Die Zukunft der Solidarität: Was wird aus dem Sozialstaat?“ (IHM 22.11.2018). Ähnliches zeigt sich im Studio bei Sandra Maischberger mit dem Thema „Hartz IV vor Gericht: Wie hart darf der Sozialstaat sein?“ (MAISCHBERGER 16.01.2019). Gleich zu Beginn wirft Christian Lindner, Parteivorsitzender der FDP, den Begriff der *Solidarität* auf.

und oppositionellen Parteien im Deutschen Bundestag maßgeblich den Bereich der regelhaften sozialen Probleme und lassen sie routinemäßig von entsprechenden Expert*innen bearbeiten.

Zum anderen besteht nach Schönig „ein *Bereich ausnahmeartiger sozialer Probleme*“ (ebd.). Diese sozialen Probleme sind als ausnahmeartig bezeichnet, nicht weil sie im subjektiven Empfinden der betroffenen Person eine ausnahmeartige Situation in ihrer Biografie darstellen, sondern weil sie als „Sonderfälle nicht von generalisierenden Institutionen bearbeitet werden können“ (ebd.).

Anders als die Sozialpolitik handelt Soziale Arbeit zum Großteil im Kontext eines Einzelfalls. Sie orientiert sich an den biologischen, psychischen und soziokulturellen Bedürfnissen des Menschen (vgl. STAUB-BERNASCONI 2018, 177ff), indem sie einerseits den Zugang zu generalisierenden Problemlösungen („sozialpolitischen Transfers“ (SCHÖNIG 2013, 40)) erschließt und darüber hinaus diese durch „Unterstützung zur Selbsthilfe“ (ebd.) ergänzt. Andererseits ist die Soziale Arbeit mit neuen, ausnahmeartigen sozialen Problemen konfrontiert, die sozialpolitisch (noch) keine Beachtung finden, sodass sie in vielfältiger Weise politisch aktiv werden muss[6], um „der Sozialpolitik zur *Anschauung der sozialen Probleme*“ zu verhelfen und „*sie in der Praxis adäquater Integrationsstrategien*“ (ebd., 39) zu unterstützen.

Die zwei Bereiche „regelhafter“ und „ausnahmeartiger sozialer Probleme“ bestimmen maßgeblich das Verhältnis zwischen Sozialpolitik und Sozialer Arbeit. Es ergibt sich Schönig zufolge ein „Kongruenzbereich“, in dem die Soziale Arbeit „als ‚Nachhut‘ der Sozialpolitik“ (ebd., 40) agiert, und ein „Differenzbereich, in dem Soziale Arbeit versucht, die Grenzen der Sozialpolitik zu erweitern […] als ‚Vorhut‘“ (ebd., 41).

---

[6] Zu politisch-methodischem Handeln in der Sozialen Arbeit vgl. RIEGER (2013, 64) und BENZ (2013, 70ff); siehe auch das „Dreieck der Auftraggeber“ oder „Tripelmandat“ nach STAUB-BERNASCONI (2018, 111ff).

Mit diesen Ausführungen wird deutlich, dass sich die Funktion Sozialer Arbeit nicht auf die Befähigung der Adressat*innen zur individuellen Bedürfnis- und Wunschbefriedigung und auf die Transformation von „menschenverachtenden Machtstrukturen" (Behinderungsmacht) in „menschengerechte Machtstrukturen" (Begrenzungsmacht) reduzieren lässt (STAUB-BERNASCONI 2018, 231). Vielmehr zeigt sich eine dritte entscheidende Aufgabe der Sozialen Arbeit darin, „Wissen über Soziale Probleme für öffentliche Entscheidungsträger zugänglich zu machen und sich in die (sozial-)politischen Policy- und Gesetzesbildungsprozesse einzubringen" (ebd.).

Um der Vielfalt an Begriffsverständnissen ‚Frau zu werden', eröffnen die ersten beiden Kapitel einen Blick in die Begriffsgeschichte.[7] Das historische Vorgehen wird durch die Frage geleitet, ob bereits die Anfänge der Begriffsgeschichte eine Systematisierung des Solidaritätsbegriffs nahelegen. So sind auch die unterschiedlichen Deutungsrahmen zu beachten, wenn es darum geht, Muster der Bedeutung des Solidaritätsbegriffs zu erkennen. Ziel ist es, Dimensionen herauszuarbeiten, die den Begriff der Solidarität maßgeblich bestimmen **(Kapitel 1 und 2)**.[8] Der Rückgriff auf die Begriffsgeschichte zweier Länder (Frankreich und Deutschland) dient dabei nicht nur der Schärfung von *Solidarität*, sondern ermöglicht zugleich einen Einblick in die Entstehung des Sozialstaats, der in vielfacher Weise den Rahmen für die Entwicklung und Ausformung der Sozialen Arbeit bildet.[9] Dabei werden Entdeckungen gemacht, die eine Erklärung dafür

[7] Dazu beginnt die Analyse mit den Wurzeln des Solidaritätsbegriffs Ende des 18. Jahrhunderts, zeitlich fokussiert auf das 19. Jahrhundert und geographisch auf Frankreich und Deutschland begrenzt.

[8] Nach der Entfaltung des Verständnis- und Deutungsrahmens des Solidaritätsbegriffs im französischen und im deutschen Kontext wird jeweils ein Zwischenfazit in Bezug auf mögliche Systematisierungskriterien gezogen (Kap. 1.8 und 2.4).

[9] Denn wie in Frankreich die ‚Soziale Frage' mit der Entstehung eines staatlichen Sicherungssystems beantwortet wurde, so ist dies auch für Deutschland zu beobachten. Allerdings fällt auf, dass in Deutschland im Vergleich zu Frankreich der Solidaritätsbegriff anfänglich eine untergeordnete Rolle gespielt hat. Diese Tatsache und die möglichen Gründe hierfür werden in einem weiteren Kapitel analysiert.

sein können, weshalb der Solidaritätsbegriff heute in gesellschaftspolitischen Diskursen so sehr präsent ist (**Kapitel 3**).

Im darauffolgenden Kapitel wird zur Systematisierung des Solidaritätsbegriffs ein Raster entwickelt, das einen schärfer gestellten Einblick in den gegenwärtigen Diskurs über *Solidarität* ermöglicht **(Kapitel 4)**.

Zugleich soll die Brauchbarkeit des Rasters überprüft werden **(Kapitel 5)**. Auf dem Hintergrund eines auch politischen Verständnisses von Sozialer Arbeit wurden exemplarisch zwei Teildiskurse ausgewählt: die Grundsatzprogramme der Parteien des Deutschen Bundestags und die Berufsethik des Deutschen Berufsverbands für Soziale Arbeit e.V.[10]. Eine Reflexion des Solidaritätsbegriffs in der Sozialen Arbeit entlang des Verständnisses von Hans Thiersch schließt das Kapitel ab.

Das letzte Kapitel dient als Rück- und Ausblick auf den Solidaritätsbegriff in Zeiten der gegenwärtigen Corona-Pandemie, womit demonstriert werden kann, dass das vierdimensionale Systematisierungsraster unabhängig von dem jeweiligen Verwendungskontext eine systematische Analyse von *Solidarität* ermöglicht (**Kapitel 6**).

Für das **Vorwort** zu dieser Veröffentlichung möchte ich mich ausdrücklich bei Prof.in Dr. Anna Noweck bedanken, auch für hilfreiche Gespräche nicht nur im Entstehungsprozess dieser Studie, die als Bachelorarbeit an der Katholischen Stiftungshochschule eingereicht wurde; danke für den steten Zuspruch und die mahnenden Worte, den „Sack zu zumachen“. Auch bedanke ich mich bei Prof. Dr. Bernhard Lemaire für die Zweitbegutachtung. Ferner danke ich meiner Familie für Rückhalt und Unterstützung – gelebte *Solidarität*.

---

[10] Im Folgenden als DBSH e.V. abgekürzt.

1. Bedeutung(en) des Solidaritätsbegriffs in Frankreich

Anders als in zahlreichen Arbeiten, die sich mit dem Begriff der Solidarität befassen, wird im Folgenden nicht allein auf die französischen Wurzeln des Solidaritätsbegriffs verwiesen, sondern eine umfänglichere Auseinandersetzung mit dem Begriff und seinem Deutungsrahmen in Frankreich angestrebt. Denn neben den Solidaritätskonzepten von Auguste Comte und Émile Durkheim, die zuvorderst ins Deutsche übersetzt wurden und damit in Deutschland gut rezipiert sind,[11] fällt die Vielschichtigkeit des Begriffs der Solidarität bereits in den Anfängen seiner Verwendung auf. Auch und gerade weil der französische Begriff der ‚solidarité' in Deutschland kaum Resonanz fand (vgl. GROßE KRACHT 2017, 265ff), hilft ein erweiterter Blick – über die deutsche Begriffsgeschichte hinaus – bei der Suche nach Kriterien für die Systematisierung des Solidaritätsbegriffs. Trotz Sprachbarriere – die Übersetzung einschlägiger französischer Literatur, die sich mit dem Solidaritätsbegriff befasst, ist sehr begrenzt – kann bei der Untersuchung vor allem auf drei Werke[12] zurückgegriffen werden, die sich ausführlich mit dem Begriffstransfer von ‚solidarité' aus Frankreich zu *Solidarität* in Deutschland auseinandersetzen, und auf ihre Übersetzungskompetenz vertraut werden.[13]

[11] Vgl. beispielsweise BAURMANN (1999); DALLINGER (2009); TRANOW (2012); BAYERTZ (1998b).

[12] FIEGLE (2003), GROßE KRACHT (2017) und REISZ (2006).

[13] Die Verfasserin dieser Arbeit ist sich bewusst, dass ein Rückgriff auf Sekundärliteratur bereits Interpretation und Deutung der Primärliteratur beinhaltet, auch wenn bei Thomas Fiegle Ausschnitte von französischen Originalquellen in den Fußnoten ins Deutsche übersetzt werden. Bereits die Auswahl der Ausschnitte muss als Interpretation und Deutung wahrgenommen werden (vgl. FIEGLE 2003).

1.1 Ursprung des Solidaritätsbegriffs

Die historischen Wurzeln des Solidaritätsbegriffs liegen im Römischen Recht (vgl. AMENGUAL 1994, 238; BAYERTZ 1998a, 11; GROßE KRACHT 2005, 112). Die lateinische juristische Bezeichnung „obligatio in solidum“ galt als Haftung einer Gemeinschaft, für die Gesamtheit der bestehenden Schulden eines Individuums aufzukommen (vgl. dazu ausführlich FIEGLE 2003, 32ff), und ist bis heute ein Terminus technicus im französischen Recht (vgl. LUBRICH 2018, 23).[14] In dieser Rechtsfigur deutet sich bereits ein besonderes Moment von *Solidarität* an: Sie zeichnet sich durch eine Interdependenz zwischen Individuum und Gemeinschaft, also einer Verantwortlichkeit eines und einer jeden für das Ganze und des Ganzen für die und den jeweils Einzelne*n aus (vgl. AMENGUAL 1994, 238; BAYERTZ 1998a, 11; GROßE KRACHT 2005, 112; FIEGLE 2003, 40).

In der politischen Philosophie des 17. und 18. Jahrhunderts findet weder bei Thomas Hobbes noch bei John Locke, Jean-Jacques Rousseau und Immanuel Kant der Begriff der Solidarität Verwendung (vgl. GROßE KRACHT 2017, 16). Erst Ende des 18. Jahrhunderts wurde der rechtliche Begriff über den schuldrechtlichen Zusammenhang hinaus verallgemeinert und auf Gebiete der Gesellschaft, Politik und Moral ausgeweitet – anfangs jedoch noch nicht im Sinne eines eigenständigen politisch-programmatischen oder sozialwissenschaftlichen Schlüsselbegriffs (vgl. ebd., 17; BAYERTZ 1998a, 11).

[14] Auch im deutschen Recht findet sich eine gesetzliche Normierung von „obligatio in solidum“ im §421 BGB.

1.2 Solidarität in der Restaurationsphilosophie

Entgegen der sozialethischen Dissertation von Jürgen Schmelter (vgl. SCHMELTER 1991, 9) legen Thomas Fiegle als Sozialwissenschaftler (vgl. FIEGLE 2003, 41), Andreas Wildt als Philosoph (vgl. WILDT 1998, 202ff) und Herrmann-Josef Große Kracht als Theologe (vgl. GROßE KRACHT 2017, 18f) Wert darauf, dass sich der gesellschaftspolitische Begriff der Solidarität im postrevolutionären Frankreich herausbildet, als es darum ging, die Folgen der Revolution zu überwinden. *Solidarität* wird dabei zu einer Leitidee auf der Suche nach sozialen Gewissheiten in einer epochalen gesellschaftlichen Krise. Denn der

> *„ganze Beginn des 19. Jahrhunderts, der auch der Beginn einer neuen Gesellschaft ist, war vom Versuch geprägt, die Grundlagen der Gesellschaft, das Gesetz ihrer Entstehung sowie ihrer zukünftigen Entwicklung zu ergründen und in Lehrsystemen zum Ausdruck zu bringen. Die Welt, von uralten Gewissheiten getragen, stand in Ruinen. Würde die neue Welt ihre Gewissheiten haben?"* (BÉNICHOU 1977, 8 zit. n. FIEGLE 2003, 50).

Solidarität wurde zu einer Vokabel unterschiedlicher, ja gegensätzlicher politischer Positionen: der ‚Traditionalisten', ‚Sozialisten' und der ‚Liberalen'. Als gesellschaftspolitischer Begriff taucht *Solidarität* nicht bei den Anhängern der Revolution – als Variante des Begriffs der „fraternité" (vgl. SCHMELTER 1991, 9) – auf, sondern zuerst und zunächst vereinzelt im Kontext der politischen Philosophie bei den Monarchisten der katholischen Gegenrevolution.[15] Als traditionalistischer Begriff ist *Solidarität* in seinen Anfängen somit auch im Rahmen einer massiven Revolutionskritik verortet, die sich gegen das „fortschrittsopti-

[15] Zu diesen ‚Traditionalisten' wird in Frankreich eine Reihe katholischer Schriftsteller gezählt, die „zuerst unter dem Direktorium, dann unter Napoleon und in der Zeit der Restauration hervortraten: Männer, die in ihrer Mehrzahl dem französischen Adel angehörten, oft lange Jahre in der Emigration zugebracht hatten und in ihren Schriften eine der Revolution schroff entgegengesetzte Haltung einnahmen […]. In ihren Büchern behandeln diese Autoren staatstheoretische und kirchlich-religiöse Gegenstände verschiedener Art; thematisch wird ihr Werk zusammengehalten durch die Kritik an der Revolution, die Betonung des geschichtlichen Werdens und der Vertuschung gegenüber dem mechanischen Machen und der menschlichen Autonomie, endlich durch die Forderung nach Wiederherstellung der alten monarchischen Ordnung Frankreichs" (MAIER 1975, 129).

mistische Selbstverständnis der voluntaristischen Aufklärungsphilosophie" (GROßE KRACHT 2017, 19) wendet. Zum Verständnis muss man sich vergegenwärtigen, dass die Französische Revolution in traditionalistischen Kreisen – insbesondere von Joseph de Maistre[16] – als eine „unmittelbare Ausgeburt der Hölle" (SCHMITT 1989, 3) angeprangert und im Zeichen der Überzeugung der „irreversiblen Sündenverfallenheit des gesamten Menschengeschlechts" (GROßE KRACHT 2017, 21) kritisiert wurde. Die mit der rationalistisch-voluntaristischen Philosophie verbundenen Denkweise, dass es möglich sei, eine gesellschaftliche Verfassung künstlich herzustellen, stand in Konkurrenz zu der mit der weltlichen Souveränität des Papstes begründeten Vorstellung, dass die Ordnung des Kirchenstaates „eine Manifestation der Geschichte bzw. der ‚Zeit' sei, deren Lenker Gott ist" (UERTZ 2005, 16). Hier wurde auf Kontinuität und Unveränderlichkeit von Gesetzmäßigkeiten, Geschichte und Gesellschaft beharrt, die den Individuen vorgegeben und nicht veränderbar seien (vgl. ebd.). Der „rationalistisch-revolutionären Brüderlichkeit" (FIEGLE 2003, 43) wurde eine natürliche Form des Zusammenhalts, eine gottgegebene Form, entgegengesetzt, die im gegenrevolutionären Denken zunehmend den Begriff der Solidarität bestimmt (vgl. ebd., 41ff).

Dem französischen Traditionalismus mit seiner theologisch-naturgesetzlichen Vorstellung lässt sich auch François-René de Chateaubriand[17] zuordnen. *Solidarität* steht bei ihm als „Metapher für die von Gott gestiftete Abhängigkeit der

[16] Joseph de Maistre (1753-1821): Staatsmann und politischer Philosoph, Verteidiger des Ancien Régimes, Gegner der französischen Aufklärung und Vertreter einer hierarchischen Sozialgliederung und göttlich legitimierten monarchischen Alleinherrschaft (vgl. MAIER 1975, 132ff). De Maistre ging davon aus, dass die Demokratie „von Natur ein ephemeres und zufälliges Gebilde sei", im Unterschied zu Lamenais, der „statt der Monarchie […] die Demokratie theologisiert", so Hans MAIER (1983, 299f).

[17] François-René de Chateaubriand (1768-1848): Schriftsteller und Politiker mit einer antiaufklärerischen Grundhaltung sowie Mitglied der Armee der Emigranten, die von konterrevolutionären französischen Adeligen aufgestellt wurde. 1789 wendete er sich der katholischen Kirche zu, die er durch seine Werke romantisierte, wodurch er als einer der Begründer der literarischen Romantik in Frankreich gilt. Hans MAIER (1983, 288) zufolge hat de Maistre „das Christentum politisch", Chateaubriand „ästhetisch gerechtfertigt".

Menschen“ (FIEGLE 2003, 43), die sich aus der durch die „Erbsünde vermittelten universalen ‚Verderbtheit‘ der menschlichen Natur ergibt“ (GROẞE KRACHT 2017, 26). Thomas Fiegle arbeitet in seiner Dissertation heraus, dass der Begriff der Solidarität bei Chateaubriand negativ bestimmt sei – als Zusammenhalt in Schuld. Das Sakrament der Taufe sorge für die Weitergabe der Sündhaftigkeit von Generation zu Generation (vgl. FIEGLE 2003, 42f). Wie bei de Maistre steht bei Chateaubriand die Verwendung des Solidaritätsbegriffs in Zusammenhang mit der Rechristianisierung Frankreichs und dem Kampf gegen den Individualismus (vgl. ebd., 45).

Die religiöse Dimension des Solidaritätsbegriffs, die das Denken von Chateaubriand prägt, wird bei Pierre Simon Ballanche[18] bestätigt. *Solidarität* wird bei Ballanche nicht als Rechristianisierungs-Argument verwendet, sondern als eigenständige Lehre: eine „Doktrin der Solidarität“ (BALLANCHE 1818, 222 zit. n. GROẞE KRACHT 2017, 27). Der Mensch wird nicht allein und isoliert zu einem Individuum, sondern die Gesellschaft ergänzt ihn in seiner Unvollkommenheit (vgl. BALLANCHE 1818, 194 zit. n. FIEGLE 2003, 45).[19] Auffallend betont Ballanche den Vorrang des Kollektivs vor dem Individuum (vgl. ebd.). Der Rückzug des Individuums aus der Gesellschaft gleicht einer Rebellion gegen den Willen Gottes.[20] Wie Chateaubriand hält Ballanche an der Lehre der Erbsünde als Ursache einer vergangenen, gegenwärtigen und zukünftigen wechselseitigen Abhängigkeit unter Menschen fest, sieht darin jedoch auch die Möglichkeit zur Umkehr und Sühne (vgl. ebd., 46).

[18] Pierre Simon Ballanche (1776-1847): Buchdrucker, Schriftsteller und politischer Essayist (vgl. FIEGLE 2003, 45).

[19] „Man kann es nicht genug oft wiederholen, der Mensch ist nicht dazu gemacht, alleine zu sein, der Mensch ist nichts, wenn er ganz auf sich allein gestellt ist, ja der Mensch kann sein Schicksal nicht von dem seiner Mitmenschen abtrennen: die gesamte Menschheit ist untereinander abhängig“ (BALLANCHE 1818, 194 zit. n. FIEGLE 2003, 45).

[20] „Da die Gesellschaft dem Menschen aufgetragen wurde, wird der Mensch, der sich der Gesellschaft entziehen möchte, zum Rebellen gegen den Willen Gottes; er lehnt eine der Bedingungen ab, unter denen er seine Existenz erhalten hat“ (ebd.).

Eine ähnliche positiv erweiterte Deutung von *Solidarität* findet sich bei de Maistre. Stärker als bei Ballanche und Chateaubriand ist de Maistres Denken von den „extremen Polen von Revolution und Reaktion, Aufbruch und althergebrachter Ordnung, Freimaurerei und Christentum" (vgl. ebd., 47) geprägt. Er geht von einer Urbindung des Menschengeschlechts aus. *Solidarität* beschreibt er als „natürliches Gefühl" (MAISTRE 1821, 208 zit. n. FIEGLE 2003, 48), das durch die Religion legitimiert wird (vgl. ebd.).[21] Thomas Fiegle zufolge verweist de Maistre in diesem Zusammenhang auf die Natur und die damit einhergehende positive Konnotation, dass sich in ihr der Schöpfungsplan offenbare, wodurch alles mit allem verbunden sei (vgl. FIEGLE 2003, 48). *Solidarität* wird bei de Maistre nicht ex negativo aus der Erbsünde, sondern aus den „fast erloschenen Spuren eines paradiesischen Urzustandes" (ebd.) erklärt.

[21] „Es gibt eine ganze Reihe an Beispielen von diesem natürlichen Gefühl, das durch die Religion legitimiert und geweiht wird, und welche man als die fast verwischten Spuren eines Urzustandes ansehen könnte. Wenn man diesen Gedanken weiterspinnt, glauben Sie dann [...], daß es völlig unmöglich ist, sich eine gewisse Idee jener Solidarität zu schaffen (Sie erlauben mir es doch, diesen Begriff aus der Jurisprudenz zu benutzen), von welcher die Umkehrbarkeit der Verdienste herkommt, die alles erklärt" (MAISTRE 1821, 208 zit. n. FIEGLE 2003, 48).

1.3 Solidarität im (frühen) Sozialismus bei Leroux

Mit der Französischen Revolution von 1789 war die Situation der Armen ein politisches und gesellschaftliches Thema geworden (vgl. REISZ 2006, 53; WENDT 2017, 265). Ergebnis der Revolution war der fast völlige „Zusammenbruch der kirchlichen Fürsorge" (RITTER 1989, 48). Die eingeforderte staatliche Verpflichtung zur Armenhilfe wurde politisch und praktisch nicht umgesetzt (vgl. METZ 1998, 175ff). In diesem Kontext der Armutsfrage entwickelte sich *Solidarität* zwischen 1830 und 1840 bei Schülern von Charles Fourier[22] und Henri de Saint-Simon[23] zum Zentralbegriff und Kontrastbegriff: um soziale Reformprogramme zu begründen (vgl. WILDT 1995, 1005) und um sich von den bisherigen Leitbegriffen der Armenhilfe abzusetzen.

Im gesellschaftlichen Diskurs der Armenhilfe dominierten bis dato Begriffe wie „charité" oder „mendicité" (METZ 1998, 173). Im Sinn von ‚charité' organisierten kirchlicherseits reiche Besitzer Fürsorge für von Armut betroffene Menschen

[22] Charles Fourier (1772-1837): Kaufmann, Handlungsreisender, Schriftsteller, Gegner von Saint-Simon bzw. Saint-Simonisten und von Robert Owen (1771-1858), war ein antikapitalistischer Sozialutopist einer neuen ‚organisch' gegliederten Gesellschaft, bestehend aus sogenannten ‚Phalansterien' (Wortbildung aus ‚Phalanx' und ‚Monasterium'), die als kommunitäre Lebensformen nicht nur Wirtschaftsgemeinschaften, sondern auch und vor allem Liebesgemeinschaften sein sollen (vgl. GUÉRIN 1977, 7, 15ff; WENDT 2017, 140ff). Aus seinem Anhängerkreis (Fourieristen) heraus wird *Solidarität* 1842 erstmals explizit als Titel eines Buches in einer Schrift von Hippolyte Renaud (1803-1874) verwendet, unter dem Titel „Solidarité. Vue synthétique de la doctrine de Charles Fourier" (vgl. GROßE KRACHT 2017, 50). Renauds Schrift, in der er *Solidarität* als ein Synonym einer gesellschaftlich ausgestalteten Verbrüderung verstand, was die politische Rhetorik des Revolutionsjahres 1848 entscheidend prägen sollte, erschien 1855 auch in einer deutschen Übersetzung, jedoch in Zürich (RENAUD 1855). Dieses Werk war vermutlich ausschlaggebend für die Rezeption von *Solidarität* im deutschsprachigen Raum (vgl. SCHIEDER 2004, 578).

[23] Henri de Saint-Simon (1760-1825): Mitglied des französischen Hochadels, „Kreditmakler unter liberalen Unternehmern und Bankiers" (WENDT 2017, 138), Sozialutopist einer neuen, durch eine ‚positivistische Wissenschaftsreligion' planbaren rationalen Industriegesellschaft, in der es kein Zurück mehr hinter die Revolution geben könne. Die Krise seiner Gefolgschaft, die sich um die Zeitschrift ‚Le Globe' zentrierte, führte sechs Jahre nach seinem Tod zu Abspaltungen zahlreicher Anhänger – darunter auch Pierre Leroux (vgl. ausführlich FIEGLE 2003, 51ff; DREITZEL 1972, 31ff; WENDT 2017, 138ff).

aus „christlich motiviertem Mitleid" (REISZ 2006, 52).[24] Mit dem Begriff der ‚mendicité' ging staatlicherseits eine Entmündigung der Armen einher, indem Institutionen oder Amtspersonen die Vormundschaft über die ‚wirklichen Armen' („les véritables pauvres") übernahmen oder die sogenannten ‚schlechten Armen' („le mauvais pauvres") zwangsweise in eine Besserungsanstalt („maison de correction") unterzubringen waren (WENDT 2017, 266). Diesen Begriffen, die eher einem vertikalen oder asymmetrischen Orientierungs- und Handlungsschema entsprechen, wurde der Begriff der Solidarität mit einem horizontalen Verständnis gegenübergestellt, das sich aus der Idee der Gleichheit der Bürger der französischen Nation ableitete. Besondere Bedeutung kommt dabei dem populärphilosophischen Werk „De l'humanité" des ehemaligen Saint-Simonisten Pierre Leroux[25] zu, „der den Begriff der Solidarität zuerst in die Philosophie eingeführt habe", so FIEGLE (2003, 49ff). Leroux „ersetzt", so Andreas Wildt, „ausdrücklich den Begriff der christlichen Nächstenliebe durch den der solidarité humaine" (WILDT 1995, 1005). Leroux habe einen „Verbrüderungscharakter" von *Solidarität* im Fokus gehabt, demzufolge alle Menschen miteinander eine „fundamentale Einheit" bilden (WILDT 1998, 205). Diese Nähe zu dem im historischen Kontext omnipräsenten, egalitären Begriff der ‚Brüderlichkeit' (neben ‚Freiheit' und ‚Gleichheit') verweist auf seine Anschlussfähigkeit in den politischen Debatten während und im Gefolge der Revolutionsjahre sowie auf

---

[24] Die leitende Vorstellung „war ein Nexus der Gnade, der hier wirkte, ein Geben, das Gott meinte und das eigene Seelenheil, ein Geben, das vom Empfänger Demut erwartete und Anerkennung der sozialen Hierarchie" (METZ 1998, 173).

[25] Pierre Leroux (1797-1871): Buchdrucker, seit der Julirevolution von 1830 vorübergehend Anhänger von Henri de Saint-Simon, Mitherausgeber bedeutender politischer und literarischer Zeitschriften und Gründer einer eigenen philosophischen Gemeinschaft, gehörte „in der Mitte des 19. Jahrhunderts zu den wichtigsten sozialistischen Autoren Frankreichs" (GROßE KRACHT 2017, 52). Große Kracht benennt Leroux auch als „Urvater" des neuzeitlichen Solidaritätsdiskurses (vgl. ebd., 60). Auch Reisz schätzt die gesellschaftliche Wirkung, die von Leroux` Einfluss ausging, höher ein als die der Traditionalisten, deren Werke sie als Nebenstrang der Begriffsgeschichte relativiert (vgl. REISZ 2006, 57f).

seine „normative Aufladung“ und die bis heute mit ihm verbundene „hohe politisch-moralische Sympathie“ (GROßE KRACHT 2017, 60).

In seiner Lehre der Menschheit, die er als eine Art Menschheitsreligion konzipiere (vgl. ebd.), verwende Leroux den Begriff der Solidarität systematisch als „programmatischen Grundbegriff“, so WILDT (1998, 205). Auch wenn er sich deutlich gegen ein kirchlich bestimmtes Christentum positionierte, bleibt eine religiöse Gesinnung bei Leroux ersichtlich. Bewegt durch die zunehmenden Ungleichheiten innerhalb der französischen Bevölkerung, brachte er in- und nebeneinander „Ideen der Aufklärung, Forderungen des Liberalismus, sozialistische Ziele und ein neues religiöses Wertesystem in sein Programm für die Gesellschaft der Zukunft“ ein (KUHN 1988, 19). Ziel seiner zwischen 1833 und 1849 verfassten Hauptschriften war es, eine politische, soziale und moralische bzw. religiöse Lösung für das mit der Industrialisierung unaufhaltsam wachsende Problem des Pauperismus und der Proletarisierung breiter Bevölkerungsschichten zu finden (vgl. ebd., 17). Leroux` politische Karriere gipfelte in der Aufnahme in die französische Nationalversammlung von 1848, in der er sich als Kämpfer für die Rechte des Volkes erwies (vgl. ebd., 18).

Leroux ging davon aus, dass die Klassengegensätze von selbst überwunden werden können, wenn sich bei den Antagonisten die Einsicht breitmache, dass sie gleicher Natur sind und deshalb mit gleichen Rechten, Pflichten und im Grunde auch mit gleichen Interessen ausgestattet sind (vgl. ebd., 104). Nach Leroux sind die entgegenstehenden Interessen von Bourgeoisie und Proletariat auf die ökonomische Ungleichheit zurückzuführen und für ihn ein lösbares Problem: Sobald ein alle Klassen umfassendes Solidaritätsbewusstsein vorhanden sei, würde auch die Notwendigkeit von sozialen und politischen Reformen allen offensichtlich werden. Diese Einsicht entwickele sich mit Hilfe der „Religion de l'Humanité“, aus der hervorgehe, dass die „Existenz einer unterdrückten Klasse und einer unterdrückenden Klasse der natürlichen Gleichheit aller Menschen und ihrer Solidarität widerspricht“ (ebd., 106). Aufgrund der Identität von Menschen und Menschheit könne niemand einen Mitmenschen unterdrücken, ohne sich dabei selbst zu schaden (vgl. LEROUX 1840, 182 zit. n. ebd.).

Nach Fiegle bezieht sich Leroux‘ Kritik insbesondere auf drei Aspekte der zeitgenössischen moral- und sozialphilosophischen Theorien über soziale Zusammenhänge: Erstens sieht er die Gesellschaft nicht als Ergebnis eines Vertrags („Contract social“ wie beispielsweise bei Rousseau), zweitens kritisiert er die Konzeption der Gesellschaft als einen biologischen Organismus („organismes socieaux“ bei Fourier) und drittens weist er den Gedanken der Nächstenliebe als Grundlage für den Gesellschaftsaufbau zurück („la charité“ in der christlichen Soziallehre) (FIEGLE 2003, 59).

Auf dem Hintergrund dieser kritischen Auseinandersetzung konzipiert er den Begriff von Solidarität neu: Den Vertragstheoretikern wirft er die zu starke Fokussierung auf das Individuum und die individuellen Interessen vor. Die Natur „hat nicht ein einziges Wesen für sich allein geschaffen, vielmehr hat sie die Wesen füreinander geschaffen und unter ihnen ein Band der wechselseitigen Solidarität gestiftet“ (LEROUX 1848, 170 zit. n. FIEGLE 2003, 64). Der Mensch lebt zwar in der Gesellschaft, ist aber durch seine Freiheit nicht als „Teil der Gesellschaft“ zu verstehen (vgl. FIEGLE 2003, 65f). An den Fourieristen kritisiert Leroux deren der Physik und Biologie entlehnte Theorie der instinktgesteuerten Anziehungskraft, indem er auf die Bedeutung der Freiheit und Moralität menschlicher Beziehungen verweist. Menschliche Beziehungen ließen sich nicht auf Instinkte, Triebe und Leidenschaften reduzieren oder auf das Newtonsche Gesetz der Gravitation, welches die Natur bestimme. Vielmehr seien die Menschen als freie und zu reflektierter moralischer Selbstbestimmung befähigte Sozialwesen zu verstehen, deren Anziehungskraft in der wechselseitigen ‚Liebe‘ zu finden sei (vgl. FIEGLE 2003, 65ff; GROßE KRACHT 2017, 55).

Christliche Nächstenliebe sieht Leroux allerdings als eine extrinsisch durch den Gottesbezug motivierte Pflicht (vgl. FIEGLE 2003, 61ff), denn ‚charité‘ seiner Zeit erlebte er eher als „Mitleid, Erbarmen, Kompassion“ denn als „Freundschaft oder, um den allgemeinen Begriff zu verwenden, Liebe“ (LEROUX 1840, 207 zit. n. FIEGLE 2003, 60). Um diese durch patriarchales Denken geprägte asymmetrische Verpflichtung abzuwenden (vgl. WILDT 1995, 1005), „die nicht aus einem Gefühl menschlicher Verbundenheit, sondern aus der Befolgung eines göttlichen Gebots motiviert ist“ (GROẞE KRACHT 2017, 58), ersetzt Leroux den Begriff der Nächstenliebe durch den Begriff der Solidarität. *Solidarität* wird damit zu einem „Menschengebot“, das die Gleichheit aller Menschen mit der Freiheit, nicht für sich allein, sondern in Gemeinschaft mit Seinesgleichen zu leben, voraussetzt und sich durch eine horizontal-reziproke, unaufhebbare Verbundenheit der Menschen miteinander auszeichnet. *Solidarität* ist demnach bei Leroux charakterisiert durch ein ‚direktes‘ und altruistisches Gefühl in Umkehr zu einer ‚äußerlichen‘ Pflicht.

1.4 Solidarität in der Nationalökonomie bei Bastiat

Der Solidaritätsbegriff hat auch Wurzeln in den frühen Theorieversuchen der liberalen politischen Ökonomie in Frankreich. Der Höhepunkt dieser Theorietradition fällt mit der Zeit des politischen Aufbruchs im Revolutionsjahr 1848 zusammen. Das kapitalbesitzende Bürgertum (Bourgeoisie) suchte, sich gegen die lauter vorgetragenen Ansprüche der besitzlosen Arbeiterklasse (Proletariat) auf politische und soziale Beteiligung zu verteidigen. Den frühen sozialistischen Bewegungen stellten sich nationalökonomische Kreise mit der Überzeugung entgegen, dass vorrangig die natürlichen Gegebenheiten des wirtschaftlichen und sozialen Lebens zu schützen seien. Es galt, sich gegen sozialistische Einflussnahme und deren Reformversuche zu wehren (vgl. GROßE KRACHT 2017, 36).

In der Mitte des 19. Jahrhunderts waren zahlreiche Nationalökonomen, darunter auch Claude Frédéric Bastiat[26], von der ökonomischen Idee des ‚Laisser-faire'[27] erfasst. Mit seinem unvollendeten Hauptwerk „Harmonie économiques" positionierte er sich gegen die sozialistischen Schulen; freiheitliche Selbstbestimmung und Selbstverantwortung hält er hoch: „Ihr werdet protestieren, aber wartet das Ende ab und ihr werdet sehen, dass, wenn ein Jeder für sich selber sorgt, Gott an alle denkt" (BASTIAT 1851, 241 zit. n. GROßE KRACHT 2017, 42).

[26] Claude Frédéric Bastiat (1801-1850): Ökonom und Politiker, gilt als einer der bedeutendsten Vertreter des ‚Laisser-faire' in Frankreich. Nach der Februarrevolution (1848) Mitglied der konstituierenden Versammlung, später der gesetzgebenden Versammlung und scharfer Gegner des Sozialismus.

[27] Damit wird eine „extreme Ansicht" bezeichnet, „der zufolge der Staat nicht in das wirtschaftliche Geschehen eingreifen sollte, um so die ökonomische Entwicklung und den Wohlstand der Bevölkerung am besten zu fördern. […] Diese extreme Form des Liberalismus […], bei der der Staat […] die Rolle eines Beobachters einnimmt (‚Nachtwächterstaat') und alles dem freien Spiel der wirtschaftlichen Kräfte überlässt, bewirkte zwar einerseits eine schnelle wirtschaftliche Aufwärtsentwicklung, führte aber andererseits auch zu Wirtschaftskrisen und zur Ausbeutung und Verelendung der Arbeiter" (BUNDESZENTRALE FÜR POLITISCHE BILDUNG 2016).

Unvollendet blieben auch seine Ausführungen im eigenen Kapitel zur „Solidarité". Diesem Begriff wollte er die gesellschaftskritische Konnotation nehmen, indem er den Menschen als soziales Wesen beschreibt (vgl. GROßE KRACHT 2017, 43). Der Mensch sei durch die Natur nicht dazu bestimmt, „allein zu leben und zu arbeiten" (BASTIAT 1851, 536 zit. n. GROßE KRACHT 2017, 43), sondern notwendig auf Beziehungen mit den Mitmenschen angelegt. Daraus ergebe sich, dass die positiven und negativen Folgen seiner Handlung nicht nur ihn allein, sondern auch die anderen Gesellschaftsmitglieder betreffen. Bastiat erklärt die gesamte Gesellschaft zu einem „Ensemble sich kreuzender Solidaritäten":

> *„[...] dieser ganze Austausch von Gedanken, Produkten, Diensten und Arbeiten, von Übeln und Gütern, von Tugenden und Lastern, die aus der menschlichen Familie eine große Einheit und aus den Milliarden vergänglicher Existenzen ein gemeinsames, universelles und kontinuierliches Leben machen; all das ist die Solidarität"* (BASTIAT 1851, 538f zit. n. GROßE KRACHT 2017, 44).

Der Mensch galt im Denken der liberalen Nationalökonomie als ein Wesen, das sich selbst verwirklicht: Dazu muss er in Austausch mit seinen Mitmenschen treten, wodurch zwischenmenschliche Abhängigkeiten entstehen. Dieses ‚Aufeinander-angewiesen-Sein' ist räumlich und zeitlich nicht begrenzt und ergibt sich aus der Natur des Menschen.

1.5 Solidarität in der neu entstehenden Soziologie bei Comte

Jenseits von Restauration, Revolution und liberaler Nationalökonomie entwickelte sich in der – noch in den „Kinderschuhen" steckenden – Gesellschaftswissenschaft ein explizit nicht-normatives, rein analytisch-deskriptives Solidaritätsverständnis. Entscheidend sind in dieser Zeit die Werke von Auguste Comte[28], auf die sich dann Émile Durkheim und Léon Bourgeois sowie in der Folge weitere Philosophen und Soziologen bezogen (vgl. FIEGLE 2003, 89ff).

Auguste Comte war vom Eindruck der postrevolutionären gesellschaftlichen Krise stark geprägt und widmete sich in seinen Werken vor allem der Frage, wie sich die unruhigen, revolutionären Jahre in eine positive soziale Ordnung wenden lassen könnten. Dies war für Comte ausschließlich mit naturwissenschaftlicher Herangehensweise und einer „philosophie positive" möglich. Der Begriff der Solidarität wird mit Comte zur „zentralen makrosoziologischen Beschreibungskategorie, um den gesellschaftlichen Zusammenhalt moderner arbeitsteiliger Gesellschaften" (GROßE KRACHT 2017, 74) zu unterstreichen. Die Vorstellung einer „sozialen Solidarität" fußt bei Comte auf dem Gedanken einer „biologischen Solidarität" höherer Lebewesen, einem komplexen Zusammenwirken einzelner Organe. Später, bei den Solidaristen, entspricht diese Form der *Solidarität* der „de facto Solidarität", womit gemeint ist, dass Gesellschaften unabhängig vom Willen und Bewusstsein der Individuen zusammengehalten werden (vgl. ebd.). Demnach wird der gesellschaftliche Zusammenhalt durch die (Mit-) Arbeit des Individuums bewirkt, das sich über sein „funktionales und kausales Zusammenwirken mit anderen" (SCHMELTER 1991, 15) bewusst ist. Dieses Zusammenwirken untergliedert Comte in seiner „physique sociale" als die „dynamique sociale" und die „statique sociale" (GROßE KRACHT 2017, 89ff; SCHMEL-

[28] Auguste Comte (1798-1857): Mathematiker und Philosoph, Schüler von Saint-Simon. Er verwendet erstmals den Namen Soziologie als Zusammenfassung und philosophische Synthese aller Einzelwissenschaften, die sich zur rationalen Bewältigung gesellschaftlicher Krisenzustände eigneten. Quintessenz seiner Theorie ist das Drei-Stadien-Gesetz der Entwicklung der Menschheitsgeschichte (vgl. COMTE 1972).

TER 1991, 16f). Mit der sozialen Dynamik ist die „historische Kontinuitätssolidarität der gesamten Geschichte der Menschheit und der ihr bevorstehenden Zukunft" (GROßE KRACHT 2017, 88) gemeint. Jeder Mensch verdanke sein Wesen seinen Vorgängern und greife auf bereits gewonnene Kenntnisse, Fähigkeiten und Ressourcen aller Art, welche die Menschheit im Verlauf ihrer Geschichte angesammelt hat, zurück. Werner Fuchs-Heinritz verwendet hierfür die Bezeichnung der „vertikalen Kooperation" (FUCHS-HEINRITZ 1998, 189). Die ‚statique sociale' dagegen bezieht sich auf die Gegenwart und das in ihr sichtbare Phänomen der „natürlichen und unwillkürlichen Ordnung". Nach Comte kommt diese durch „Arbeitsteilung und Kräftevereinigung" zustande und folgt aus gesellschaftlicher Differenzierung und Spezialisierung. Dieser von Fuchs-Heinritz als „horizontale Kooperation" (ebd.) beschriebene Zusammenhang ist im alltäglichen Zusammenwirken spürbar und bringt ein deutliches Bewusstsein für die wechselseitige Abhängigkeit und gegenseitige Verpflichtung mit. Das „spontane oder vereinbarte Zusammenwirken" zielt auf die „bestimmte und gleichzeitige Teilnahme an einer gemeinsamen Unternehmung" (GROßE KRACHT 2017, 89). Für Comte bildet das die Voraussetzung für die Vergesellschaftung und die Entstehung eines „sozialen Instinkts" (ebd.). Comte versteht im Gegensatz zu Adam Smith das Phänomen der Arbeitsteilung demnach nicht nur rein ökonomisch, sondern misst diesem eine zentrale Bedeutung für die soziale Integration der Gesellschaft bei (vgl. DURKHEIM 1996, 109). Zugleich erkennt er eine hervorgerufene Widersprüchlichkeit: Durch die Arbeitsteilung und die Spezialisierung der Tätigkeiten rückt einerseits das Privatinteresse des Individuums und die Besonderheit der Beschäftigung in den Vordergrund. Das kann dazu führen, dass der Sinn für das Gemeinsame oder das Ganze verloren geht. Andererseits entsteht dadurch eine starke Abhängigkeit von anderen. Das wiederum kann den Zusammenhalt verstärken.

Aufgrund der Gefahr der „Zersplitterung“ der Gesellschaft forderte Comte die Regierenden damals auf, „den Gedanken an das Ganze und das Bewußtsein der gemeinsamen Solidarität“ (COMTE 1923, 441 zit. n. GROßE KRACHT 2017, 93) wachzuhalten.[29] Zentral war dabei für Comte der Gedanke der Erziehung im Sinn einer ideologischen Religion der Menschheit. In dieser sollten vor allem soziale Pflichten eine Rolle spielen, um das schwache Gefühl der allgemeinen *Solidarität* in eine vollkommene soziale Liebe zu transformieren, die nicht in Frage stellt, dass der einzelne Bürger ganz im Dienst der Gesellschaft steht (ebd., 95f) – zugespitzt: „Alles an uns gehört somit der Menschheit, denn Alles erhalten wir von ihr – Leben, Vermögen, Talent, Bildung, Zartgefühl, Thatkraft“ (COMTE 1891, 292).

Aufgrund der Erfahrungen in der Zeit von Revolution und Restauration war es für Comte nicht vorstellbar, dem Staatsbürger kognitive Einsichten und kritische Reflexionen über die unmittelbaren sozialen Kontexte und Bedingungen der eigenen Existenz hinaus zuzutrauen, wodurch sich ebenfalls *Solidarität* hätte herausbilden können. Daher wandte er sich konsequent gegen das Freiheitspostulat der Moderne.

[29] Wie das vonstattengehen sollte, konkretisierte er detailliert in seinen Werken im Verlauf der zweiten Hälfte des 19. Jahrhunderts (vgl. GROßE KRACHT 2017, 93ff), die „aus heutiger Sicht als ‚totalitär‘ zu qualifizierende politisch-praktische Konsequenzen“ (ebd., 97) betrachtet werden müssen.

1.6 Solidarität in der Soziologie bei Durkheim

Émile Durkheim[30] entwickelte die von Comte benannte Verbindung von *Solidarität* und Arbeitsteilung als rein deskriptives Konzept eine Generation später weiter (vgl. FIEGLE 2003, 94ff). Er differenzierte zwischen der „mechanischen Solidarität" oder „Solidarität aus Ähnlichkeiten" (DURKHEIM 1996, 118), basierend auf einem Kollektivbewusstsein (vgl. ebd., 169), einer von allen Gesellschaftsmitgliedern geteilten „Gesamtheit von Glaubensüberzeugungen und Gefühlen" (ebd., 181), und der „organischen Solidarität" (ebd., 162). Diese beruht auf unbewussten Prozessen von Abhängigkeiten und Angewiesenheit in Folge der Arbeitsteilung bzw. der funktionalen Differenzierung. Nach Durkheim gibt es im menschlichen Bewusstsein zwei Bewusstseinszustände:

> *„den einen, den wir mit der ganzen Gruppe gemeinsam haben und der folglich nicht uns gehört, sondern der [...] Gesellschaft; den anderen, der im Gegenteil dazu in uns das repräsentiert, was uns persönlich und unterscheidbar eigen ist und uns dadurch zu einem Individuum macht"* (ebd., 181).

Diese beiden Kräfte agieren im Bewusstsein entgegengesetzt und können nicht zur gleichen Zeit anwachsen. Die mechanische Solidarität erreicht ihr Maximum, wenn die Individualität noch gar nicht oder nicht mehr vorhanden ist und das gesamte Bewusstsein vom Kollektivbewusstsein bestimmt ist; „dann sind wir nicht mehr wir selbst, sondern das Kollektivwesen" (ebd., 182). Durkheim zufolge lässt sich die mechanische Solidarität in „primitiven Gesellschaften" beobachten (vgl. ebd., 185), wenn davon ausgegangen werden kann, dass sich dort die Individuen ähnlich sind. Wenn Gesellschaften größer und dichter werden, kann sich ein Individuum seine Existenz nur sichern, indem es sich auf eine

---

[30] David Émile Durkheim (1858-1917): Philosoph, Gymnasiallehrer und erster Lehrstuhlinhaber der Soziologie in Frankreich, lehrte 1887 an der Universität von Bordeaux Erziehungswissenschaften und Sozialwissenschaften und ab 1902 an der Sorbonne in Paris. In den 1890er Jahren verfasste Durkheim seine bekanntesten Arbeiten: „Über die soziale Arbeitsteilung" (1893), „Regeln der soziologischen Methode" (1895) und „Der Selbstmord" (1897), womit er zum Gründungsvater der französischen Soziologie wurde, obwohl Comte ihr den Namen gab (vgl. KRUSE 2008, 76).

Aufgabe spezialisiert (vgl. ebd., 314ff). Diese Evolutionsdynamik[31] hat Individualität und Unterschiedlichkeit der Persönlichkeiten zur Folge und bedingt die organische Solidarität (vgl. ebd., 186), die sich nur verwirklichen kann, wenn das Kollektivbewusstsein einen „Teil des Individualbewußtseins“ (ebd., 183) freigibt, damit es sich auf spezielle Funktionen – etwa im beruflichen Arbeitsprozess – konzentrieren kann. Je geteilter die Arbeit ist, desto stärker sei die Abhängigkeit eines Individuums von der Gesellschaft, da es bereits zur elementaren Bedürfnisbefriedigung Arbeits- und Dienstleistungen anderer benötigt, und desto enger sei der wechselseitige Zusammenhalt, der aus dieser Solidarität entspringt. Mit wachsender Arbeitsteilung und Interdependenz steige auch die Ausdifferenzierung der Persönlichkeit (ebd.), was zur Intensivierung der Fähigkeiten führe und demnach „Motor des Fortschritts“ sei (ebd., 329). Spezialisierung sei nicht „die einzig mögliche Lösung des Lebenskampfes“ (ebd., 347). Auch Auswanderungsbewegungen und Resignation bis hin zu „Selbstmord oder anderes“ (ebd.) können die Folge steigender Unsicherheiten und des Ausschlusses der Schwächsten sein.

Im Gegensatz zu Comte, der in seinem Gesellschaftsentwurf auf religions- und ideologiepolitische, gemeinschaftsstiftende Ähnlichkeiten zwischen den Menschen nicht verzichten konnte, geht Durkheim davon aus, dass durch die Arbeitsteilung ein „ganzes System von Rechten und Pflichten, das sie (die Menschen) untereinander dauerhaft bindet“ (ebd., 477), entsteht. Er berief sich auf die „Regelwirkung der Gesellschaft“ (ebd., 273), die er jedoch nicht weiter spezifizierte. Eine Erklärung, wie die Menschen in arbeitsteilig strukturierten Kommunikations- und Handlungszusammenhängen ohne bewusste Reflexion und Zustimmung durch andere Individuen *Solidarität* entwickeln sollen und wie

[31] Bezug zu Charles Robert Darwin (1809-1882): Naturforscher, Evolutionstheoretiker; und Ernst Heinrich Philipp August Haeckel (1834-1919): Mediziner, Zoologe, Philosoph und Freidenker (vgl. GROẞE KRACHT 2017, 116).

garantiert werden kann, dass ihre Zusammenarbeit moralische Wirkung hervorruft, bleibt Durkheim schuldig. Darin liegt ein entscheidender Kritikpunkt an seiner Theorie (vgl. TYRELL 1985, 220; BAURMANN 1999).

1.7 Der französische Solidarismus bei Bourgeois – ein Ausblick

1897, vier Jahre nach Durkheims Werk „De la division du travail social", veröffentlichte Léon Bourgeois[32] seine programmatische Schrift „La solidarité". Er gilt neben Alfred Fouillée[33], Céles Bouglé[34] und Charles Gide[35] als einer der Hauptvertreter des französischen Solidarismus (vgl. WENDT 2017, 389ff), die sich aber „nie zu einer geschlossenen Gruppierung mit einer einheitlichen Sozialdoktrin formiert haben, sondern höchst unterschiedliche sozialpolitische Reformansätze vertraten" (GROẞE KRACHT 2017, 221). Der Solidarismus wurde zur Überwindung des Individualismus bzw. Liberalismus einerseits und des Kollektivismus bzw. Sozialismus andererseits als dritte sozialphilosophische Gesellschaftslehre entworfen. ‚Solidarité' – der Leitbegriff des Solidarismus – wurde „zum leidenschaftlichen Kampfbegriff der laizistischen Linken" (KAUFMANN 2001, 923) und „zu einer Art offizieller Doktrin der Dritten Republik" (WENDT 2017, 392). Im Zentrum des Solidarismus steht die Frage, wie man „aus der wissenschaftlichen Lehre von der natürlichen Solidarität (‚solidarité de fait') eine praktische Lehre der moralischen und sozialen Solidarität (‚solidarité devoir')" entwickeln könne (vgl. GROẞE KRACHT 2017, 231). Bourgeois' politische Prominenz und sein Engagement in verschiedenen Gremien und Initiativen trugen erheblich dazu bei, dass sein solidaristischer Ansatz besonderen Einfluss auf die Sozialpolitik in Frankreich gewinnen konnte.

Zentraler Bestandteil dieser Lehre ist der ‚quasi-contract'. Damit ist gemeint, dass sich der gesellschaftliche Zusammenhalt zunächst ohne bewusste Einwilli-

---

[32] Léon Victor Auguste Bourgeois (1851-1925): Jurist und ‚linksdemokratischer' Staatsmann, 1895 Ministerpräsident, später Präsident der Abgeordnetenkammer, 1920 erster Präsidenten des Rates des Völkerbundes, Träger des Friedensnobelpreises (vgl. FIEGLE 2003, 104ff).

[33] Zu Alfred Fouillées (1838-1912) sozialpolitischen Programmentwurf vgl. GABRIEL (2017, 345).

[34] Auf Céles Bouglé (1870-1940), Jurist, ist das Bekanntwerden des Begriffs ‚solidarisme' zurückzuführen (vgl. GROẞE KRACHT 2017, 187).

[35] Zu Charles Gide (1847-1932), der als Ökonom und Theoretiker des Genossenschaftswesens das solidaristische Denken „mit einem ökonomischen Konzept produktiver Assoziation" verbindet, vgl. WENDT (2017, 393); SCHMELTER (1991, 63ff).

gung der Mitglieder entwickelt, da jeder Mensch in eine gegebene Gesellschaft hineingeboren wird. Erst dadurch, dass er weiterhin in der Gesellschaft lebt und sich den allgemeinen Gesetzen des Staates unterwirft, erwachse eine willentliche, d.h. auch moralische Zustimmung. Eine weitere Leitidee des französischen Solidarismus ist die der „sozialen Schuld", die sich ebenfalls daraus ergibt, dass der Mensch in eine bestehende Gesellschaft hineingeboren wird, auf die er von Anfang an angewiesen ist, womit er sich in eine wechselseitige Abhängigkeit hineinbegebe. Jeder Mensch trage in unterschiedlichem Maße eine soziale Schuld, je nach vorgefundenen Vorteilen oder Nachteilen. Daraus ergibt sich eine Idee der sozialen Rechnung, die sich aufgrund der unterschiedlichen Höhe der Schuld progressiv gestaltet und aus der Tatsache der sozialen Solidarität, der wechselseitigen Abhängigkeit aller, folgt.[36] Die Vorstellung der solidarischen Schuld ist bei Bourgeois – anders als beispielsweise bei Fouilée – in eine Theorie der Gerechtigkeit eingebettet (vgl. GROßE KRACHT 2017, 237).

Der Solidarismus diente als Grundlage für das Projekt eines „starken Sozial(versicherung)staates" (GROßE KRACHT 2005, 121) und setzte sich nur langsam gegen die „Auffassung" durch, „daß eine geregelte öffentliche Fürsorge den Grundsätzen des laisser faire und des freien Wettbewerbs auf dem Arbeitsmarkt widerspreche" (RITTER 1989, 49). Es gelang Bourgeois, „eine staatlich organisierte Sozialversicherung auf Gegenseitigkeit zu legitimieren [...] und zur Erfüllung der Solidarpflichten ein progressives Steuersystem" (GABRIEL 2018, 52) zu institutionalisieren: Sicherung des Existenzminimums, Absicherung von Risiken und Garantie für kostenlose Schulbildung für alle inklusive.

[36] Diese konzeptionellen Bestandteile finden sich bereits bei Alfred Fouillée (vgl. GABRIEL 2018, 49f).

1.8 Erstes Zwischenfazit

Welche Schlüsse kann man aus der historischen Recherche ziehen? Sind bereits Dimensionen des Solidaritätsbegriff zu erkennen und zu benennen?

Die Entstehung des Begriffs in Frankreich ist eng mit den gesellschaftlichen Umbrüchen in Folge der Revolution und der Industrialisierung verbunden – mit einer Suchbewegung und dem Ziel, die Krise zu überwinden. Die Wahrnehmung gesellschaftlicher Zerrissenheit führt verstärkt zur Suche nach Bausteinen der Stabilität und ihrem gesellschaftlichen Zusammenhalt. Dabei wird *Solidarität* zu einem entscheidenden Suchbegriff, der – je nach politischer Ausrichtung – inhaltlich unterschiedlich gefüllt und begründet wird. Schon der Blick auf die französische Begriffsgeschichte bestätigt eine Vielfalt von Auslegungen des Solidaritätsbegriffs. Auffällig ist dabei, dass sich die einzelnen Verständnisse fast immer durch eine Positionierung gegen eine andere bestimmte Vorstellung richten. Vereinfacht ausgedrückt, stellen sich die Monarchisten gegen die Aufklärung, die Sozialisten gegen das Christentum, die liberalen Ökonomen gegen die Sozialisten und die Solidaristen gegen die Individualisten und Sozialisten. Das Verständnis von Solidarität ist demnach maßgeblich von der politischen Richtung abhängig und durch die Gegenpositionierung bestimmt. Erst durch die entstehende Soziologie und das deskriptive Verständnis von Solidarität, das jedoch durch die von der Wirtschaft erzeugte, wenig in Frage gestellte Arbeitsteilung bestimmt wird, dann durch den Solidarismus, der einen wirtschaftsliberalen Individualismus und staatsgetragenen sozialistischen Kollektivismus miteinander verbindet und ein deskriptives und normatives Verständnis entwickelt, erhält *Solidarität* eine Mittelposition, ein ‚Zwischendasein', eine vermittelnde Konzeption zwischen den Extremen. Daher sind unterschiedliche Akzentsetzungen von *Solidarität* erwartbar.

Eine erste Analyse der Solidaritätsverständnisse, die aus der historischen Spurensuche erschlossen werden konnten, legt schon einige Unterscheidungen nahe. *Solidarität* kann demnach heißen:

- eine religiöse, von Gott gestiftete (im Schöpfungsplan bzw. in der ‚Erbsünde' angelegte) Abhängigkeit und Verbundenheit unter den Menschen,
- eine auf Gleichheit, Freiheit und humaner Liebe beruhende wechselseitige Verbindung ohne Jenseitsverankerung,
- eine für die Selbstverwirklichung der Einzelnen notwendige Vernetzung,
- ein in einer arbeitsteiligen Gesellschaft in den Strukturen wechselseitiger Abhängigkeit gründender Zusammenhalt und
- eine biologisch bedingte faktische Abhängigkeit, verbunden mit einer moralischen Aufforderung zum Ausgleich unterschiedlich ausgeprägter sozialer Schuld.

Aus dem christlich-universalistischen Verständnis der Abhängigkeit aller Menschen untereinander, deren Quelle in Gott gesehen wird, also extrinsischer Art ist, entwickelt sich im Fortgang des politischen Diskurses ein explizit nichtchristliches Verständnis von Solidarität. Auch dieses ist universalistisch ausgerichtet und hat eine extrinsische Quelle, die allerdings nicht mehr in Gott, sondern in der menschlichen Natur gesehen wird. Damit neigt sich der Solidaritätsbegriff bereits deutlich von einer vertikalen Ausrichtung in eine horizontale.

Innerhalb der nationalökonomischen Lehre der Solidarität verschwimmt die Unterscheidung zwischen einer universalistischen und einer partikularistischen Ausrichtung des Solidaritätsbegriffs. Aus der Orientierung am Markt – als dem Ort für das „freie Spiel" (BUNDESZENTRALE FÜR POLITISCHE BILDUNG 2016) des wirtschaftlichen Gebens und Nehmens – entwickelt sich ein eher partikularistisches Verständnis von *Solidarität*, das eine intrinsische Quelle hat, nämlich das individuelle Streben nach Selbstverwirklichung.

Solidarität hebt sich bei Comte und Durkheim deutlich von den bis dato erkennbaren Begriffsverwendungen ab. *Solidarität* wird weniger – wie bei Leroux – auf der Interaktions- oder Mikroebene angesiedelt, sondern auf der Meso- und Makroebene als Kategorie des organisierten und gesamtgesellschaftlich strukturierten Zusammenhalts der französischen ‚Nation'. Damit erhält *Solidarität* einen auf eine nationale Gesellschaft begrenzten, partikularistischen Zug. Zugleich entspringt die Motivation zur Arbeitsteilung, welche die Abhängigkeit zwischen den Menschen erhöht, nicht einer intrinsischen Haltung, sondern wird durch äußere Faktoren wie beispielsweise Urbanisierung und Industrialisierung ausgelöst.

Im französischen Solidarismus wird *Solidarität*, ähnlich wie bei Comte und Durkheim, durch die Begrenzung auf eine nationale Gesellschaft partikular verstanden. Durch die Verbindung von faktischer und moralischer Solidarität wird die von außen dem Individuum auferlegte Solidarität internalisiert und bedarf einer weiteren intrinsischen Motivation. Ein solches Solidaritätsverständnis ermöglicht die Einführung von staatlichen Sicherungssystemen im Sinn der Förderung der intrinsischen oder moralischen Solidarität, was auf dem Bewusstsein der faktischen Verbundenheit der Gesellschaftsmitglieder basiert.

Es lassen sich demnach in der französischen Begriffsgeschichte extrinsisch oder intrinsisch motivierte Solidaritätsverständnisse in universalistischer und partikularistischer Ausprägung und ihre Platzierung auf der Mikro-, Meso- und Makroebene erkennen. Damit lässt sich bereits ein Muster zur Systematisierung von *Solidarität* ausmachen. Inwieweit sich dieses Muster auch im Solidaritätsbegriff erkennen lässt, wie er in Deutschland Verwendung findet, soll im nächsten Kapitel deutlich werden.

2. Rezeption der ‚solidarité' in Deutschland

Eine theoretische Auseinandersetzung mit dem Begriff der Solidarität fand in Deutschland auf philosophischer und sozialwissenschaftlicher Ebene nicht in der gleichen Intensität wie in Frankreich statt. *Solidarität* in Deutschland ist in hohem Maß mit dem politischen Kontext, nämlich „mit der Arbeiterbewegung, der (entstehenden) Sozialpolitik oder dem Sozialkatholizismus[,] verflochten" (REISZ 2006, 111). Das Solidaritätsverständnis in diesen drei genannten politischen Kontexten wird im folgenden Kapitel (Kap. 2.1-2.3) genauer betrachtet. Wie bereits in Kapitel 1.3 erwähnt, fand der Begriff der Solidarität erst seit Mitte des 19. Jahrhunderts Eingang in die deutsche Sprache. Er wurde über die in Zürich publizierte „Sozialtheorie von Fourier wohl allgemeiner in den Umlauf" (SCHIEDER 2004, 578) gebracht und auch durch Aufenthalte in Frankreich, beispielsweise von Lorenz von Stein oder Karl Marx, bekannt.

Im Jahr 1848, beginnend im Februar in Frankreich, eskalierte der Kampf gegen die sozialen Ungleichheiten dann in ganz Europa. Während der Arbeiteraufstände war der Ruf nach ‚fraternité' omnipräsent. Dieser Begriff verlor jedoch nach dem Scheitern der Revolution von 1848 an Strahlkraft, weshalb *Solidarität* an Bedeutung gewinnen konnte (vgl. SCHMELTER 1991, 43). Die Priorisierung des Solidaritätsbegriffs innerhalb der Arbeiterbewegung wurde auch dadurch gefördert, dass der Begriff der Brüderlichkeit stärker mit der Bourgeoisie – in Erinnerung an die französische Revolution von 1789 – in Verbindung gebracht wurde. So verweist Wolfgang Schieder in seinem Artikel über „Brüderlichkeit" im „Historischen Lexikon zur politisch-sozialen Sprache in Deutschland" auf einen Text aus dem „Vorboten", dem deutschsprachigen Zentralorgan der Internationalen Arbeiter Assoziation (IAA), in dem zwischen „Brüderlichkeit der Tat" der Arbeiter (Solidarität) und der bourgeoisen „Brüderlichkeit der Phrase" unterschieden wird (SCHIEDER 2004, 578ff).

Der Begriff der Solidarität fand demnach insbesondere über die Auseinandersetzung der internationalen sozialistischen Arbeiterbewegung mit der ‚Sozialen Frage' Eingang in die politische Sprache, allerdings nur zögerlich (vgl. GROßE KRACHT 2017, 260ff; ZOLL 2000, 61ff). Im Folgenden fokussiert sich die Arbeit auf die Begriffsverwendung bei zwei Hauptprotagonisten der sozialistischen Arbeiterbewegung, Ferdinand Lassalle und Karl Marx (Kap. 2.1), um dann einen Blick auf die sozialpolitische ‚Begriffskarriere' bei Lorenz von Stein und in selbst ausgewählte Dokumente im Diskurs über die ‚Soziale Frage' zu werfen (Kap. 2.2). *Solidarität* erlangt in Deutschland eine umfassende Ausgestaltung erst im sogenannten Solidarismus von Heinrich Pesch (Kap. 2.3). Diese Lehre des Sozialkatholizismus kam in einer historisch vergleichsweise späten Phase der Entwicklung des deutschen Sozialstaats auf, der bei seiner Begründung – anders als der französische Wohlfahrtsstaat (vgl. GABRIEL 2018, 49ff) – zunächst ohne die explizite Wertidee der Solidarität auskam und sie erst später zur Legitimation rezipierte, wobei auch auf den katholischen Solidarismus zurückgegriffen werden konnte.

2.1 Solidarität im Kontext der sozialistischen Arbeiterbewegung

So, wie der von Durkheim entworfene Solidaritätsbegriff in der gegenwärtigen soziologischen Literatur in Deutschland weiterhin Beachtung findet (vgl. BAURMANN 1999; BAYERTZ 1998b; DALLINGER 2009, 47ff), erhält auch Ferdinand Lassalles Begriffsverwendung hohe Aufmerksamkeit, wenn es um das Solidaritätsverständnis innerhalb der deutschen Arbeiterbewegung geht.[37] *Solidarität* findet sich in einem Vortrag von Lassalle in Berlin, der das „Arbeiter-Programm" zum Thema hat, das er im „Handwerkerverein der Oranienburger Vorstadt" vorstellte (vgl. LASSALLE 12.04.1862). Lassalle gibt einen Überblick über die „Entwicklung der Völker", wie sie sich in einer Linie der „immer steigende(n) Abschaffung der Privilegien" herausbildet, „welche den höheren Ständen diese ihre Stellung als höhere und herrschende Stände garantieren" (ebd.).[38] Lassalle propagiert seine Idee des Arbeiterstandes, die er zum ‚herrschenden' Prinzip der Gesellschaft erklärt.[39]

---

[37] Ferdinand Lassalle (1825-1864): Nach dem Studium der Philosophie und Geschichte reist Lassal (!) nach Paris (1845) und ändert aus Begeisterung für die französische Revolution seinen Namen in Lassalle um. Während der deutschen Revolution (1848) lernt er Karl Marx und Friedrich Engels kennen, wird dann aber nicht in den Bund der Kommunisten aufgenommen, weil er an die Durchsetzung des Sozialismus *innerhalb* der bestehenden staatlichen Verhältnisse glaubt. 1857 wird er Mitglied der Philosophischen Gesellschaft in Berlin, reist 1860-62 in die Schweiz und nach Italien. Ein Jahr vor seinem Tod gründet Lassalle den Allgemeinen Deutschen Arbeiterverein, eine Vorläuferorganisation der späteren SPD, und wird zu seinem Präsidenten gewählt (vgl. SPRENGER 2014).

[38] Nach Lassalle steht dem Fortschritt, „der Kulturentwicklung der Nation" (LASSALLE 12.04.1862), das persönliche Interesse oder der Wunsch nach Erhaltung der Privilegien der Mitglieder der höheren Stände im Weg, woraus sich automatisch eine „feindliche Stellung zu der Entwicklung des Volkes" ergebe. In den unteren Klassen fehle diese Unterscheidung von persönlichem Interesse und Kulturentwicklung. Sie fielen dort zusammen und verwirklichten sich in der „Entwicklung der Freiheit" (ebd.).

[39] Wer also, so Lassalle, „die Idee des Arbeiterstandes als das herrschende Prinzip der Gesellschaft anruft, in dem Sinne, wie ich Ihnen dies entwickelt, der stößt nicht einen die Klassen der Gesellschaft spaltenden und trennenden Schrei aus; der stößt vielmehr einen Schrei der *Versöhnung* aus, der die ganze Gesellschaft umfaßt […] der Ausgleichung für alle Gegensätze in den gesellschaftlichen Kreisen […], der *Einigung*, […] der *Liebe*, der […] *für immer der wahre Schrei des Volkes bleiben*, und um seines Inhalts willen selbst dann noch ein *Schrei der Liebe* sein wird, wenn er als Schlachtruf des Volkes ertönt" (ebd.).

Im Gegensatz zur Bourgeoisie, die jedem einzelnen die ungehinderte Selbstbetätigung garantiert, verweist Lassalle darauf, dass die Menschen nicht gleich reich, stark und klug seien. So reiche eine ungehinderte und freie Betätigung der individuellen Kräfte von Menschen nicht aus, um „eine solche Stufe des Daseins zu erreichen, die sie als einzelne nie erreichen könnten [...] eine Summe von Bildung, Macht und Freiheit zu erlangen, die ihnen sämtlich als einzelnen schlechthin unersteiglich wäre“ (ebd.). Sie müsse um die „sittliche Idee des Arbeiterstandes“ ergänzt werden, der „Solidarität der Interessen, [...] Gemeinsamkeit und [...] Gegenseitigkeit in der Entwicklung“ (ebd.). Der Zweck des Staates sei nicht nur auf den Schutz der persönlichen Freiheit und des Eigentums der Einzelnen begrenzt, sondern:

> *„Der Staat ist diese Einheit der Individuen in einem sittlichen Ganzen, eine Einheit, welche die Kräfte aller einzelnen, welche in diese Vereinigung eingeschlossen sind, millionenfach vermehrt, die Kräfte, welche ihnen allen als einzelnen zu Gebote stehen würden, millionenfach vervielfältigt“* (ebd.).

Solidarität wird von Lassalle als „Solidarität der Interessen“ gesehen, die er zur Lösung des Klassenkonflikts im Staat verwirklicht sieht.

Welche Rolle der Solidaritätsbegriff bei Karl Marx spielt,[40] wird in der Forschungsliteratur eher kontrovers eingeschätzt.[41] Einigkeit besteht darin, dass *So-*

---

[40] Karl Marx (1818-1883): Nach Studien der Rechtswissenschaften und der Philosophie in Bonn und Berlin Reise nach Paris (1843); Beginn der lebenslangen Freundschaft mit Friedrich Engels; Herausgeber der Deutsch-Französischen Jahrbücher, 1845 Umzug nach Brüssel und Gründung des Deutschen Arbeitervereins (1847). 1848 Veröffentlichung des „Manifests der Kommunistischen Partei“ (zus. mit Engels). Im gleichen Jahr Rückkehr nach und Ausweisung (1849) aus Deutschland. Mit zahlreichen Veröffentlichungen wird Marx zusammen mit Engels einer der intellektuellen Führer der neuen Bewegung des Sozialismus. 1865 Bruch mit dem (1863) von Lassalle gegründeten Allgemeinen Deutschen Arbeiterverein und massive Kritik an der entstehenden Sozialdemokratie (vgl. BLUME 2014). Wenn Marx sich auch selbst nicht als Soziologe verstand, wird er doch „heute als einer der bedeutendsten und vermutlich als der einflussreichste Soziologe“ gehandelt (ROSA, STRECKER, KOTTMANN 2018, 32).

[41] Schmelter beispielsweise spricht sogar von einer zunehmenden Ablehnung der Begrifflichkeiten „Solidarität“ und „Brüderlichkeit“ bei Marx, „da sie sich auf die Aufhebung

lidarität bei Marx nicht systematisch ausgearbeitet ist und keinen entscheidenden Stellenwert in seinen theoretischen Ausführungen zum Klassenkampf hat.[42]

In seiner Rede zum Haager Kongress von 1872 taucht *Solidarität* gleich zweimal auf: zum einen als „Grundprinzip der Internationale“[43] (MARX, ENGELS 1973, 161), dementsprechend als „handlungsleitende Kategorie bei der Organisation und Kohäsion der Arbeiterklasse“ (REISZ 2006, 120), gleichzusetzen mit dem Begriff der „Vereinigung“[44] (SCHIEDER 2004, 579); und zum anderen als visionäre „Zielvorstellung in einer Gesellschaft, in der die Gleichheit schon hergestellt ist“[45] (REISZ 2006, 120).

---

von Klassenverhältnissen und Klassengegensätzen beziehen“ (SCHMELTER 1991, 43). Dies trifft sicherlich auf den Begriff der ‚Brüderlichkeit‘ zu, den Marx „aus dem Vokabular der Arbeiterbewegung zu verbannen“ suchte (SCHIEDER 2004, 578), nicht jedoch auf den Solidaritätsbegriff. Dessen Eintreten „für eine gleiche Sache“ zeigt vielmehr „deutlich das Bemühen an, die spezifische Gesinnungsgemeinschaft der Arbeiter begrifflich herauszuheben“ (ebd.). S. auch REISZ (2006, 119), die auf „eine Reihe von bedeutenden Fundstellen in Marx‘ Werken und [...] nachweisbaren Einfluss“ hinweist. Zoll verweist ebenfalls auf die seltene Verwendung von *Solidarität*, auch wenn Marx „den einen Bedeutungsaspekt von Solidarität, nämlich den sozialen Zusammenhang der Individuen, [...] immer wieder [...] hervorgehoben“ habe (ZOLL 2000, 56).

[42] Bei REISZ (2006, 120ff) sind die wenigen Fundstellen in chronologischer Reihenfolge („Die deutsche Ideologie“, „Der Bürgerkrieg in Frankreich“, „Die angebliche Spaltung in der Internationale“ in der Rede über den Haager Kongress und in „Ein Komplott gegen die Internationale) herausgearbeitet.

[43] „Bürger, denken wir an jenes Grundprinzip der Internationale: die Solidarität. Nur wenn wir dieses lebenspendende Prinzip unter sämtlichen Arbeitern aller Länder auf sichere Grundlagen stellen, werden wir das große Endziel erreichen, das wir uns gesteckt haben. Die Umwälzung muß solidarisch sein, das lehrt uns das große Beispiel der Pariser Kommune, die deswegen gefallen ist, weil es in allen Zentren, in Berlin, in Madrid etc. zu keinerlei großen revolutionären Bewegungen gekommen war, die dieser machtvollsten Erhebung des Pariser Proletariats ebenbürtig wären“, so MARX, ENGELS (1973, 161).

[44] Vgl. dazu auch das Programm des Vereinstages der deutschen Arbeitervereine von 1868, in dem SCHWEICHEL, LIEBKNECHT (1868, 77) die Übereinstimmung mit dem Programm der IAA erklären: „Ferner in Erwägung, daß alle auf die ökonomische Emanzipation gerichteten Anstrengungen bisher an dem Mangel der Solidarität (Vereinigung) zwischen den vielfachen Zweigen der Arbeit jeden Landes und dem Nichtvorhandensein eines brüderlichen Bandes der Einheit zwischen den arbeitenden Klassen der verschiedenen Länder gescheitert sind.“

[45] „Was mich angeht, so werde ich mein Werk fortsetzen und beständig daran arbeiten, unter allen Arbeitern diese für die Zukunft so fruchtbringende Solidarität zu begründen. Nein, ich ziehe mich von der Internationalen nicht zurück, und der ganze Rest meines Lebens wird, wie alle meine Bemühungen der Vergangenheit, dem Triumph der sozialen Ideen geweiht sein,

An diesem Verständnis von *Solidarität* wird in der Literatur eine gegnerbezogene Akzentuierung[46] abgelesen (vgl. BAYERTZ 1998a, 40ff), der sich auf den politischen Kontext, in dem sich Marx aufhält, zurückführen lässt. Die Arbeiterbewegung organisierte sich, um durch einen belastbaren gemeinschaftlichen Zusammenhalt klassenkämpferische, politische und gesellschaftliche Interessenskonflikte zu bestehen und politischen Widerstand zu leisten. Diese Form der Solidarität brachte einen „kollektiven, explizit interessenbezogenen und gemeinschaftsorientierten, d.h. auf individuelle Eigenvorteile bewusst verzichtenden Handlungstypus" hervor (GROßE KRACHT 2005, 114).[47]

die einst – seid davon überzeugt! – die Weltherrschaft des Proletariats herbeiführen werden", so MARX, ENGELS (1973, 161).

[46] Diese gegnerbezogene Akzentuierung des Solidaritätsbegriffs findet sich pointiert in dem Begriff der „Contra-Solidarität" bei GROßE KRACHT (2005, 114) und ist auch ohne industriekapitalistische Klassengesellschaft heute erfahrbar, wenn man sich beispielsweise den Aufruf zur Demonstration „#ausgehetzt" am 22. Juli 2018 der „mut" Partei in München ansieht (vgl. LESSENICH 2018). Mit dem Slogan „Solidarität statt Heimat" wollte die Gruppe öffentlich ein Zeichen gegen die Flüchtlings- und Sicherheitspolitik der CSU setzen.

[47] Der Handlungstypus zeigte sich in Form von Manifesten, Arbeiterselbsthilfevereinen (Vorformen von Gewerkschaften) und Streiks (vgl. ZOLL 2000, 55).

2.2 Solidarität in Verbindung zur ‚Sozialen Frage'

Als Staatsrechtslehrer und Nationalökonom suchte Lorenz von Stein[48] ebenfalls eine Lösung für die ‚Soziale Frage'. Bei seinem zweijährigen Aufenthalt 1841 in Frankreich war er mit den frühsozialistischen Konzepten (s. Leroux) in Kontakt gekommen und beobachtete besonders die besitzende Klasse.[49] Die Sozialwissenschaftlerin Gesa Reisz verweist auf die dritte erweiterte Auflage dieses Werks, das seit 1850 den Titel „Die Geschichte der sozialen Bewegung in Frankreich" trägt. Darin schreibt von Stein:

> *„Dann ist jene Kluft zwischen den Klassen da und die natürliche Harmonie ist gebrochen. Soll diese nun hergestellt werden, so muß zunächst statt jener verkehrten die wahre Solidarität der Besitzenden wiederhergestellt, das allgemeine Kapitals-Interesse an die Stelle des Einzelkapitals und seines Interesses gesetzt werden"* (STEIN 1959 (1850), 200).

Von Stein appellierte an die Besitzenden, das eigene Interesse dem allgemeinen Interesse unterzuordnen. Nach Reisz' treffender Analyse wird hier ein Solidaritätsbegriff verwendet, der sich zum einen von dem „verkehrten" exklusiven Solidaritätsbegriff im Sinne einer Vereinigung abgrenzt, wie er bei Karl Marx zu finden ist, und zum anderen gegen die ausschließende egoistische Haltung der Besitzenden positioniert (vgl. REISZ 2006, 115). Die Handlungsmacht wird der besitzenden Klasse zugeschrieben, was zeigt, dass diesem Solidaritätsverständnis ein hierarchisches Gesellschaftsverständnis zu Grunde liegt und es den „Status Quo der Ungleichheit" (ebd.) verfestigt. Im Gegensatz zu Karl Marx ist für von Stein eine Auflösung der Klassen nicht denkbar, weshalb er für eine politische Vertretung aller Klassen plädiert. Durch eine (gewaltlose) Sozialreform soll eine (gewaltvolle) Revolution verhindert werden (vgl. REISZ 2006, 117f).

---

[48] Lorenz von Stein (1815-1890): Nach seinen Studien der Rechtswissenschaften und der Philosophie in Kiel und Jena ging er mit einem Reisestipendium nach Paris. Seit 1855 bis 1885 Professor für Nationalökonomie an der Universität Wien (vgl. KOSLOWSKI 2013).

[49] Die daraus hervorgehenden Studien mündeten in seiner ersten größeren Veröffentlichung über den „Socialismus und Communismus des heutigen Frankreichs" (1842).

Der frühsozialistisch geprägte Solidaritätsbegriff, der sich durch ein horizontales, auf Freiheit und Gleichheit beruhendes Verständnis von sozialer Verbundenheit auszeichnet, scheint in Deutschland kaum anschlussfähig zu sein. So ist er auch in der politischen Auseinandersetzung zur ‚Sozialen Fragen' wenig präsent (vgl. GROßE KRACHT 2017, 366ff; REISZ 2006, 146ff). In einschlägigen Reden ist er kaum und keinesfalls programmatisch verwendet, wie anhand folgender Kapitel belegt werden kann (vgl. HEITZER 1991; HENNING, TENNSTEDT 2006).[50] Interessant ist allerdings: Er findet sich bei verschiedenen Trägergruppen und bringt weiteren Aufschluss über ergänzende Kriterien bei der Suche nach einer möglichen Systematisierung des Solidaritätsbegriffs.

2.2.1 Nationalökonomisches ‚kathedersozialistisches' Spektrum

Gustav Schmoller, Ökonom und Sozialwissenschaftler, der zum Kreis der ‚Kathedersozialisten' gerechnet wurde, wandte sich in seinem Aufsatz über „Die Arbeiterfrage" 1864 der ökonomischen Seite der ‚Sozialen Frage' zu.[51] Zu ihrer Beantwortung sah er, der liberalen Nationalökonomie entsprechend, die Selbsthilfe zunächst als den „sichersten Weg" (SCHMOLLER 1864, 30). Für ihn waren sowohl die Arbeitgeber in der Pflicht als auch der Staat, weil davon auszugehen ist, dass nicht jedes Individuum in der Lage ist, „sich selbst am eigenen Zopf aus

[50] Im Anhang finden sich ergänzend zu den in Kapitel 2.2.1 bis 2.2.3 zitierten Abschnitten zu *Solidarität* noch alle weiteren Abschnitte zum Begriff der Solidarität. Da von HENNING, TENNSTEDT (2006) alle Abschnitte im Text oder in den Fußoten zitiert sind und in HENNING, TENNSTEDT (2003) der Begriff der Solidarität in keinen Quellen angeführt ist, sind im Anhang ausschließlich Ausschnitte aus HEITZER (1991) aufgeführt.

[51] Gustav Schmoller (1838-1917): Nach dem Studium der Staatswissenschaften, Philosophie und Geschichte in Tübingen seit 1865 Professor für Nationalökonomie in Halle. „1872 hielt er die Programmrede auf der Eisenacher Versammlung von sozialpolitisch engagierten Gelehrten, den sog. ‚Kathedersozialisten', aus der 1873 der ‚Verein für Socialpolitik' hervorging. Der Verein entwickelte sich rasch zum führenden Fachverband der deutschsprachigen Nationalökonomen, an dessen Spitze Schmoller von 1890 bis zu seinem Tod stand. 1872 wurde er an die Universität Straßburg berufen (Rektor 1874/75) [...]. 1882 folgte Schmoller einem Ruf nach Berlin (Rektor 1897/98), wo er bis zu seiner Emeritierung (1913) als einer der wissenschaftlich und politisch einflußreichsten Professoren wirkte" (BORCHARDT 2007). Durch seine Tagungen hat der Verein für Sozialpolitik die deutsche Sozialpolitik erheblich beeinflusst (vgl. ebd.).

dem Sumpf ziehen“ (ebd.) zu können.[52] Ihm geht es um die Verhinderung einer sozialen Revolution (vgl. ebd.). In diesem Zusammenhang fällt auch der Solidaritätsbegriff:

> *„Aller Kulturfortschritt geht von geistig höherstehenden Personen oder Klassen der Mit- oder Vorwelt aus; die Berührung mit ihnen zieht die weniger Hochstehenden empor. Es ist dies die sittliche Solidarität aller Zeiten und Geschlechter. Höherstehende Völker sind geistig die Erzieher der niederer stehenden, höhere Gesellschaftsklassen das hebende Ferment für die niederen“* (SCHMOLLER 1864, 30).

Im Anschluss an Hermann Schulze-Delitzsch, einem der Gründerväter des deutschen Genossenschaftswesens, führt das Eingreifen von Staat, Kirche, Presse und Vereinen zu einer sittlichen Aufklärung und Verbesserung, wobei „die Anregungen von den höheren Klassen ausgingen“ (ebd., 31) in Form einer „sittliche(n) Wechselwirkung“ und nicht durch „äußerliche Almosen“ (ebd.).[53] Ähnlich wie von Stein plädierte Schmoller bei der Lösung der ‚Sozialen Frage‘ an die besitzenden Klassen und ihre Sittlichkeit. Kirche, Staat und Vereine sah er in der Pflicht, Aufklärung zu leisten, um eine verbesserte Situation der Arbeiter zu ermöglichen. So sagt er 1872 in einer Rede „Über die soziale Frage“:

> *„Nicht eine Nivellierung im sozialistischen Sinn ist unser Gesellschaftsideal; wir halten die Gesellschaft für die normalste und gesündeste, die eine Stufenleiter verschiedener Existenzen, aber mit leichtem Übergang von einer Sprosse zur andern darstellt; unsere heutige Gesellschaft droht mehr und mehr einer Leiter zu gleichen, die nach unten und oben rapide wächst, an der aber die mittleren Sprossen mehr und mehr ausbrechen, an*

[52] „Jeder helfe sich zunächst selbst […]. Aber daneben darf die Pflicht des Staats, durch richtige Gesetze, durch Sorge für allgemeine Bildung, durch rechtliche und polizeiliche Schranken gegen absolute Unsittlichkeit für die niederen Klassen zu sorgen, und ebenso wenig darf die große Kulturwirkung der höheren auf die niederen Klassen, außer acht gelassen werden“ (SCHMOLLER 1864, 30).

[53] „Nur darum handelt es sich, daß diese sittliche Wechselwirkung keine solche sei, die den Arbeitern nur äußerlich Almosen geben, die keine selbstständigen Menschen aus ihnen machen will. Der Anstoß kann und muß von den höheren Klassen kommen, das ist ihre Pflicht; aber die totale Umgestaltung muß von innen heraus die Arbeiter ergreifen, die Hauptsache müssen sie somit immer noch selbst tun, das ist ihre Pflicht, ihre wahre Selbsthilfe“(ebd., 31).

der nur noch ganz oben und ganz unten ein Halt ist [...].Wir verlangen vom Staate, wie von der ganzen Gesellschaft und jedem Einzelnen, der an den Aufgaben der Zeit mit arbeiten will, daß sie von einem großen Ideale getragen seien, als das, einen immer größeren Teil unseres Volkes zur Teilnahme an allen höhern Gütern der Kultur, an Bildung und Wohlstand zu berufen" (SCHMOLLER 1990 143, 145).

2.2.2 Christlich-protestantisches Spektrum

In der „Bonner Konferenz für die Arbeiterfrage"[54] von 1870 wird in den Richtlinien für die Herausgabe der Wochenzeitschrift „Concordia", die christlich gesonnene Industrielle zu sozialer Reformarbeit auf Betriebsebene anregen soll, eine ähnliche Überzeugung vertreten,

> *„daß in der Arbeiterfrage eine Gesamtschuld, und in der Aufgabe ihrer Lösung eine Gesamtverbindlichkeit wie nicht minder ein Gesamtinteresse der ganzen Gesellschaft vorliegt, [...] insbesondere aber die Arbeitgeber, als die dem leidenden Glied Nächsten, sich dieser Aufgabe als der ihrigen anzunehmen verbunden sind"* (NAGEL 1870, 156).

Der Ansicht liegt die Anschauung zugrunde, dass Menschen in einer „natürlichen und geistigen Lebensgemeinschaft" leben, worauf die „Solidarität der gesellschaftlichen Gesamtheit" (ebd.) aufbaut. Daraus müsse auch das Zurückdrängen der Herrschaft der eigenen Interessen in der Wirtschaft folgen, sofern sie „im vollen Widerstreit mit der christlichen Weltanschauung [...] und [...] sozialen Verantwortlichkeit" steht (ebd.).[55] Im Gegensatz zu der Ansicht von Schmoller soll aus der Perspektive der Protestanten die ‚Soziale Frage' nicht

[54] Zur Konferenz waren von Johann Hinrich Wichern, dem Gründer der Inneren Mission, gezielt christlich gesonnene (protestantische) Arbeitgeber eingeladen worden.

[55] S. dazu auch folgende Textpassage: „Schwerlich aber würde es, [...] wenn die besitzenden und gebildeten Klassen, für deren altererbte Gemeinschuld die Arbeitgeber heute im Feuer stehen, von jeher die aus den Grundsätzen des Christentums und der Humanität für sie entspringenden Pflichten erkannt und geübt, [...] wenn sie der Bevölkerungsschicht aus welcher sich der Arbeiterstand rekrutiert, von jeher mehr einläßliche, über bloßes Almosenspenden hinausgehende Fürsorge zugewendet hätten. Und wie das Übel selbst vielleicht nicht entstanden [...] so wird es auch nicht beseitigt werden können ohne das Eintreten moralischer Faktoren, ohne die Wirksamkeit einer anderen Gesinnung und Handlungsweise als der bisher vorwaltend gewesenen" (NAGEL 1870, 156).

primär durch staatliche Intervention gelöst werden, sondern durch die entschiedene Aktivierung der „sittlichen Solidarität" der Arbeitgeber.[56]

2.2.3 Christlich-katholisches Spektrum

Die „Christlich-socialen Blätter" waren das eigene Publikationsorgan der christlich-sozialen Arbeitervereine, die meist von Katholiken organisiert wurden, offiziell sich jedoch als überkonfessionell verstanden. In einem Artikel „Der christliche Socialismus" von 1880 behandelt die Zeitschrift u.a. die Stellung der Kirche: „Sie steht inmitten der beiden [...] spaltenden Strömungen des Individualismus und des Sozialismus" (KATHOLISCH-SOCIALES CENTRAL ORGAN 1880, 588). Diese Aussage erinnert stark an die Inhalte des französischen Solidarismus. In den weiteren Ausführungen wird zu erkennen sein, dass die Zeitschrift nicht die Argumente dieser Gesellschaftslehre aufnimmt.

In diesem Plädoyer für die „Pflicht des sozialen Patronates" (ebd., 587) wird die Überzeugung vertreten, dass es überall „Befehlende" und „Gehorchende" gibt, was „Gottes Ordnung" entspreche (ebd.).[57] Diese hierarchische Vorstellung bedeutet jedoch nicht, dass die eine Seite Rechte hätte und die andere nur Pflichten, sondern dass es „(k)eine sozialen Rechte ohne die entsprechenden Pflichten" (ebd.) geben könne. Die christliche Idee des Patronats habe sich mit der Idee der christlichen Assoziation zu vereinigen. Der Begriff der Solidarität fällt im Zusammenhang mit der Beschreibung dieser Assoziation. Danach ist sie

---

[56] S. dazu: „Wir halten ferner dafür, daß auch die Staatsgewalt nicht berufen und befähigt ist, die Schäden des heutigen Gesellschaftszustandes zu heilen und insbesondere die Arbeiterfrage zu lösen" (ebd., 157).

[57] Vgl. dazu KATHOLISCH-SOCIALES CENTRAL ORGAN (1880, 587): „Jeder Vorzug des Ranges [...] ist nach christlicher Anschauung von einer entsprechenden Pflicht unabtrennbar. Alle diese Gaben empfängt der Mensch niemals von Gott für sich allein, sondern auch für seine Mitmenschen. So hat die Familie ihre von Gott selbst geordnete Hierarchie, so die Kirche, so der Staat, so die großen Staatsgewalten [...]; überall gibt es Befehlende, überall Gehorchende. Keine sozialen Rechte ohne die entsprechenden sozialen Pflichten. Das ist Gottes Ordnung und daran kann keine soziale Entwicklung auch nur das Geringste ändern."

„*eine naturgemäße, in dem gesellschaftlichen Charakter des Menschen ebenso wie in der Natur der sozialen Verhältnisse beruhende Institution, welche durch die Gemeinsamkeit des Lebens und Handelns, durch die Solidarität der Interessen und durch die Gemeinsamkeit des sozialen Strebens von selbst sich bildet. Es gibt für die Weckung und Belebung der Assoziation keine gesellschaftliche Macht, welche dazu durch ihre Dogmen über die Solidarität und die Brüderlichkeit der Menschen, durch ihre Pflichtenlehre, durch ihre Gebote der Nächstenliebe befähigter wäre als die Kirche. [...] Die Größe der mittleren Zeit beruht wesentlich auf der korporativen Organisation des öffentlichen Gemeinwesens, welches in christlichen Sitten wurzelt, groß, frei und herrlich so lange dastand, als der Einfluß der Kirche maßgebend war*“ (ebd., 588).

Es entsteht der Eindruck, dass sich über den verwendeten Solidaritätsbegriff möglichst alle – christlich und nicht christlich (sozialistisch) geprägte – Menschen angesprochen und niemand durch die christlich verstandene Brüderlichkeit ausgeschlossen oder abgeschreckt fühlen soll. *Solidarität* wird im Kontext der christlich-sozialen Arbeitervereine neben Brüderlichkeit eingereiht und mit Nächstenliebe verbunden.

2.3 Solidarität im Solidarismus bei Pesch

Dem Urteil Gabriels zufolge entfaltete Heinrich Pesch[58] mit der Lehre des Solidarismus „das umfassendste sozialphilosophische System auf katholischer Grundlage im sonst theorieschwachen Sozialkatholizismus“ (GABRIEL 2018, 54). Pesch entscheidet sich „für die Rezeption der Solidaritätssemantik“ (ebd.) und baut um das dann sogenannte ‚Solidaritätsprinzip‘ ein Theoriesystem herum. Der Solidarismus wurde vor und nach dem Ersten Weltkrieg entwickelt, auch in Auseinandersetzung mit dem schon oben genannten französischen Solidarismus und anderen Positionen.[59] Somit hatte das ‚katholische‘ Solidaritätsprinzip keinen Einfluss auf die Entstehung des deutschen Sozialstaats nehmen können, der auch ohne die Wertidee der Solidarität auskam. Auch danach war der Solidaritätsbegriff des katholischen Solidarismus ohne direkte politische Bedeutung geblieben, zumal „für die evangelische Sozialethik [...] die Solidarität stets eine untergeordnete Rolle“ spielte (ebd., 57). Von Gustav Gundlach (1892-1963) und Oswald von Nell-Breuning (1890-1991) wurde der Solidarismus fortgeschrieben (vgl. GUNDLACH 1931). Nicht nur diese katholischen Sozialethiker und Ökonomen wurden davon beeinflusst, sondern auch „die frühe CDU nach dem Zweiten Weltkrieg“ (ZOLL 2000, 90).[60]

Pesch entwickelte in seinem fünfbändigen Hauptwerk, dem „Lehrbuch der Nationalökonomie“, von 1905 bis 1923 diese Lehre, mit der „eine Vermittlung zwischen Individualismus und Sozialismus angestrebt wird“ (PESCH 1923, VIII). Zur Veranschaulichung wählt er Lassalle zum Vorbild, der den Klassenkampf ablehnte (Kap. 2.1):

[58] Heinrich Pesch (1854-1926): Seit 1876 Jesuit, Sozialphilosoph, Nationalökonom, der auch bei Gustav Schmoller und Adolph Wagner studierte. Bei einem vierjährigen Aufenthalt in England machte er sich mit der ‚Arbeiterfrage‘ vertraut. 1892-1900 Spiritual am Mainzer Priesterseminar. Bis zu seinem Tod arbeitete er an seinem Lehrbuch der Nationalökonomie (vgl. LECHTAPE 1931).

[59] S. dazu im Detail GABRIEL (2018, 53ff), ZOLL (2000, 89ff), MAZUREK (1980).

[60] ANZENBACHER (1997, 142ff) nennt weitere Namen.

„Wie hoch steht Lassalle über Marx, wenn er sagt, daß, wer die Idee des Arbeiterstandes als das herrschende Prinzip der Gesellschaft anrufe, damit nicht nur nicht einen die Klassen der Gesellschaft spaltenden Schrei ausstoße, sondern einen Schrei der Versöhnung, der Ausgleichung der Gegensätze in den gesellschaftlichen Kreisen, einen Schrei der Einigung" (ebd., 811).

Am Beispiel des „dauernden Verhältnis(ses)" von Arbeit und Kapital lässt sich das katholisch-solidaristische Solidaritätsverständnis am besten veranschaulichen, wenn Pesch es als eine „friedliche Arbeitsgemeinschaft der leitenden und ausführenden Arbeit" (ebd.) umschreibt:

„Die c h r i s t l i c h e n G e w e r k s c h a f t e n betrachten sich nicht als Klassen-, sondern als Be r u f s o r g a n i s a t i o n e n. Die Zugehörigkeit zu einem bestimmten Berufe und die Berufsehre verbindet die Arbeiter hier zu einer festen, natürlichen Gemeinschaft. Der Zusammenhalt der ‚Klasse' ist etwas Künstliches, von außen in das Bewußtsein der Arbeiter Hineingetragenes. In ihrem Verhältnis zum Ganzen ist die ‚Klasse' selbstsüchtig, verneinend, zerstörend, auseinanderstrebend (Sombart). Die christlichen Gewerkschaften verwerfen darum den Klassenbegriff des marxistischen Sozialismus. Unternehmer und Arbeiter sind nicht feindliche Klassen, sondern Schichten in dem gleichen Berufe, verbunden durch Gewerbesolidarität" (ebd.).

Der Solidarismus hat auch auf die päpstliche Sozialverkündigung eingewirkt (vgl. PIUS XI. 1977) und diente in Deutschland mehr oder weniger als ‚Steinbruch' von Ideen, um den weiteren Ausbau des Sozialstaats nach dem Zweiten Weltkrieg zusammen mit dem ‚Personalitäts-' und dem ‚Subsidiaritätsprinzip' zu legitimieren und zu gestalten. „Gemeinschaftsgeist statt Egoismus" sei „der Kerngedanke des solidaristischen Systems" (PESCH 1923, 811).

2.4 Zweites Zwischenfazit

Wie bereits erwähnt, fällt auf, dass die Rezeption des Solidaritätsbegriffs in Deutschland nur in begrenztem Umfang stattfindet. Gleichwohl zeigt sich eine gewisse Pluralität im Solidaritätsverständnis: Bei Lassalle ist *Solidarität* die „Idee des Arbeiterstandes", die jedoch der Staat gewährleisten und die liberale Politik ergänzen soll. Bei Marx dagegen entspricht *Solidarität* einer exklusiven Bindung innerhalb der Arbeiterklasse und gilt als Zukunftsprinzip innerhalb einer klassenlosen Gesellschaft. Dem Solidaritätsbegriff liegt dementsprechend ein partikularistisches, ja sogar antagonistisches Verständnis zu Grunde. Der Philosoph Kurt Bayertz weist auf die strukturelle Zweipoligkeit des Begriffs hin: auf eine positive Ausrichtung, nämlich auf bestimmte Ziele oder Interessen, die durch das gemeinsame Handeln einer Gruppe erreicht werden sollen; und auf eine negative Ausrichtung, indem Interessenswiderstände anderer Gruppen überwunden werden müssen (vgl. BAYERTZ 1998a, 41). Der Solidaritätsbegriff bei Marx ist demnach partikularistisch und durch den exklusiven Klassenbezug auf der Mesoebene zu verorten.

Die Antwort auf die ‚Soziale Frage' obliegt nach von Stein dem Arbeitgeber. Der von ihm verwendete Solidaritätsbegriff ist in ein hierarchisches Verständnis eingebettet und wird als eine intrinsische Haltung der Besitzenden beschrieben.

Der Einblick in die den Solidaritätsbegriff verwendenden Dokumente oder Reden unterschiedlicher politischer Positionen der sozialpolitischen Debatte in Deutschland bestätigt die Dominanz der zwei Verständnisse von Solidarität: zum einen im Sinne der horizontalen Gesinnung und Vereinigung unter den Arbeitern (wie bei Marx) und zum anderen im Sinne der patriarchalischen Sittlichkeit der Arbeitgeber (ähnlich bei von Stein).

Die in der französischen Begriffsgeschichte herausstechenden Kriterien der *Solidarität* finden sich in der deutschen Auseinandersetzung weniger. Sowohl die vertikale Richtung des Solidaritätsbegriff als sittliche Pflicht der Besitzenden, als auch die Verortung von *Solidarität* auf der Mesoebene, die innerhalb der Arbeiterassoziation zum Vorschein kommt, dominieren in Deutschland die Semantik des Solidaritätsbegriffs.

Durchaus interessant ist die im Vergleich zur französischen Entwicklung des Solidaritätsbegriffs gegensätzliche Bewegung in Deutschland, löste sich doch der Begriff in Frankreich aus dem kirchlich-christlichen Zusammenhang heraus, um – in einem linksliberalen sozialreformerischen Diskurs – zu einem rein innerweltlichen Wertbegriff sozialer Verbundenheit zu werden. In Deutschland dagegen findet der Begriff der ‚solidarité' vorerst nur wenig Anklang und wird allenfalls bei den Sozialisten zu einer Leitidee der Arbeiterschaft. Eine gewisse Bedeutung gewinnt *Solidarität* dagegen noch im Solidarismus von Pesch, wobei der Begriff erst später zur Legitimation des Sozialstaats rezipiert wurde.

3. Erschwernisse der Rezeption des Solidaritätsbegriffs in Deutschland

Wie kann es sein, dass der in Frankreich aufkommende Begriff der Solidarität in Deutschland nur schwach rezipiert wurde und sich dabei auch noch auf ganz andere Weise ausgestaltete? So dominierte hierzulande die Mesoebene, dagegen fehlte die struktursoziologische Variante auf der Makroebene. Neben dem horizontalen Vereinigungsbegriff auf sozialistischer Seite überwog in Deutschland ein vertikales, hierarchisches Verständnis von *Solidarität* und steht damit im Gegensatz zu einem in Frankreich dominierenden horizontalen Verständnis. Welche Gründe lassen sich für diese auffälligen Differenzen benennen?

Der „Rezeptionsausfall" (GROßE KRACHT 2017, 266) lässt sich nicht allein mit den „keineswegs einfachen Bedingungen des deutsch-französischen Kulturtransfers in den Zeiten des Wilhelminischen Kaiserreichs" (ebd.) begründen, wenn auch der Verweis auf die geringe wechselseitige Rezeption zwischen den Zeitgenossen Émile Durkheim und Max Weber sowie auf die Nichtbeachtung des französischen Solidarismus bei Adolph Wagner, Gustav Schmoller und auch Georg Simmel bemerkenswert ist (vgl. ebd.). Doch scheint diese Begründung zu kurz zu greifen.

Eine weitere beachtenswerte Ursache stellt aus der Sicht der Verfasserin die Sprachbarriere dar. Wie in der Einführung zum zweiten Kapitel bereits erwähnt, gibt es bis heute nur wenige deutsche Übersetzungen der französischen Literatur, die sich mit dem Solidaritätsbegriff befasst. Deshalb musste in der vorliegenden Arbeit vor allem auf Teil-Übersetzungen und damit gleichzeitig eine selektive Auswahl entlang der einbezogenen Interpretationen von Fiegle, Große-Kracht und Reisz zurückgegriffen werden.

Die erste im Zusammenhang mit dem Begriff der Solidarität relevante Übersetzung ins Deutsche ist das 1855 erschienene Werk von Hippolyte Renaud „Solidarité", das in Zürich erschien. Mit Ausnahme von Comtes „Katechismus der

Positiven Religion“ (1891) wurden weitere Schriften erst nach der Jahrhundertwende übersetzt: beispielsweise von Comte die „Soziologie“ (1907), von Fouillée „Der Evolutionismus der Kraft-Ideen“ (1907), von Durkheim „Die elementaren Formen des religiösen Lebens“ (1912) und nochmal später (1977) sein Werk „Über soziale Arbeitsteilung“. Erstaunlicher Weise existieren bis heute keine Übersetzungen der Werke von Leroux und von Bourgeois.[61] Die Übersetzung von Durkheims Arbeiten entfachte dann zu einem späteren Zeitpunkt die Debatte um *Solidarität* im deutschen Raum neu. Dies würde zumindest erklären, wieso Durkheim in den meisten Aufsätzen zu *Solidarität* Beachtung findet – mal ablehnend, mal zustimmend.

Die spärliche Verwendung des Begriffs und der differente wissenschaftliche Inhalt von *Solidarität* kann – so eine These – auch auf eine strukturelle und kulturelle Barriere zurückgeführt werden: auf den unterschiedlichen Status der christlichen Kirchen sowie ihre politischen und gesellschaftlichen Einflussmöglichkeiten. In Frankreich wurde seit der Französischen Revolution der Einfluss der katholischen Kirche öffentlich stark zurückgedrängt (vgl. WALTER 2009, 477f), gipfelnd in einer radikal staatsfreundlichen Trennung von Politik und Religion 1905 (‚Laizismus‘).[62] Zur Ordnung des gesellschaftlichen Miteinanders konnte oder wollte man sich nach Aufklärung und Revolution und mit dem damit einhergehenden Zerfall der katholischen Kirche nicht mehr auf christliche Werte und Begriffe berufen. Der säkulare Begriff der Solidarität gewann deshalb in Frankreich nach und nach an Relevanz und eine laizistische Tönung.

---

[61] Dagegen wurden Werke von Charles Gide, einem weiteren Vertreter des Solidarismus in Frankreich, in dessen Lehre jedoch das Christentum mit einbezogen wurde, bereits ab 1905 übersetzt („Grundzüge der Nationalökonomie“).

[62] Vgl. hierzu auch die „Sechs Modelle des Verhältnisses von Staat und Kirche“ in BRUGGER (2007, 257ff). Brugger ordnet die französische Laizität dem Modell der „Gegnerschaft oder Feindschaft von Staat und Kirche“ zu, die er in zwei Varianten aufteilt: in eine Art religionsfeindliche und eine staatsfreundliche Trennung, wobei zweites auf Frankreich zutrifft.

Hierfür gab es diesseits des Rheins kaum Resonanz: denn erstens waren die religiösen Autoritäten noch mit den deutschen Kleinstaaten verbunden und zweitens wurde das lutherische Staatskirchentum des deutschen Nationalstaats erst in der Verfassung von 1919 abgeschafft. Die Rezeption der Ideen von 1789 und der postrevolutionären Zeit, die „das Vermächtnis der Loslösung des weltlichen Staates aus der Vorherrschaft der Kirche und des Gottesgnadentums“ sind, wurde in Deutschland „durch das protestantische Landes- und Staatskirchentum“ (PLESSNER 1974, 76) gehemmt.[63] Die aus Frankreich stammende Bewegung, „die zudem noch abgestimmt ist auf katholisches Milieu [...] weckte in lutherischem Milieu von kleinstaatlichem Gepräge keine tieferen Sympathien“ (ebd., 77). So blieb auch *Solidarität* als Leit- und Wertbegriff weitgehend mit der sozialistischen Arbeiterbewegung verbunden, was die Akzeptanz des Begriffs seitens ihrer weltanschaulichen Gegner erheblich einschränkte. Diese mieden weitgehend den Solidaritätsbegriff und bevorzugten ein anderes Vokabular in den Diskursen über die ‚Soziale Frage‘, wie sich anhand verschiedener politischer Reden und Versammlungen exemplarisch belegen lässt.

So wandte sich beispielsweise der damalige Bischof von Mainz, Wilhelm Emmanuel Freiherr von Ketteler, bereits im Juli 1869 an tausende Arbeiter und Angehörige bei einer Schlussandacht, in der er an die christliche Sittlichkeit und Gläubigkeit appellierte:

> *„Ohne Religion verfallen wir alle dem Egoismus, wir mögen reich oder arm, Kapitalisten oder Arbeiter sein, und beuten unsere Nebenmenschen aus, sobald wir die Macht dazu haben“* (KETTELER, WILHELM EMMANUEL VON 1869, 84f).

---

[63] Der in Frankreich unbekannte, für Deutschland markante konfessionelle Dualismus zwischen Katholizismus, der sich parteipolitisch in der Zentrumspartei formierte, „und protestantischer Zwangsstaatskirche“ (PLESSNER 1974, 74) blieb trotz Aufklärung bestehen. Daraus erwuchs auf protestantischer Seite in Deutschland eine abwehrende Haltung gegen die Ideen der Aufklärung und gegen den Katholizismus, die sich „als Feinde auf demselben Felde gegenüber“ (ebd., 76) standen.

> *„Wir werden Schritt für Schritt sehen, wie innig die Religion mit der Arbeiterfrage, mit jeder einzelnen Forderung, die der Arbeiter jetzt stellt, verbunden ist, und wie Gottlosigkeit die größte Feindin des Arbeiterstandes ist."* (ebd., 86).

In einer Rede kurz vor der ersten Reichstagswahl 1871 wurde von Christoph Moufang, Abgeordneter der Zentrumspartei, damals zweitstärkste Fraktion nach der Nationalliberalen Partei, die christliche Begründung für staatliche Interventionen zum Schutz aller unterstrichen:

> *„Sodann soll der Staat zweitens die Arbeitszeit gesetzlich regeln; denn [...] der Arbeiter ist keine Maschine [...]. Der Arbeiter ist auch kein Lasttier; sondern er ist ein Mensch und hat menschliche Rechte und muß als Mensch, und zwar als Christenmensch behandelt werden. Dafür hat Gott schon gesorgt in den heiligen Zehn Geboten, und wenn die Sonntagsfeier zur Ehre Gottes dient, so dient die Sonntagsruhe [...] zumeist dem müden Arbeiter [...] zur Stärkung seiner Kräfte."* (MOUFANG 1871, 165).

In einer späteren Diskussion im Reichstag im Mai 1883, bei der es um die von Bismarck in der Kaiserlichen Botschaft angekündigte Einführung der Gesetzlichen Krankenversicherung und die Verteidigung eines Abänderungsantrags von Georg von Hertling, einem führenden Politiker der Zentrumspartei, ging, wird deutlich, dass der Einfluss der katholischen Kirche (nach den Einschränkungen durch den Kulturkampf) zurückgefordert wurde:

> *„Wir können niemals solche Wege gehen, die dahin abzielen, alle und jede sozialen Schäden und Gefahren durch eine absolute zwangsweise Staatsintervention abstellen zu wollen; [...] wir wollen auch Raum haben namentlich für diejenigen Bestrebungen, die von der anderen großen öffentlichen Institution, von der Kirche ausgehen. [...] eine wirkliche umfassende und dauernde Abhilfe der sozialen Schäden nicht geschehen kann, wenn man der Kirche diese freie Bewegung nicht zurückgibt"* (HERTLING 1883, 115).[64]

[64] Weiterer Auszug aus den Verhandlungen der Bonner Konferenz für die Arbeiterfrage am 14. Juni 1870: „Wir halten ferner dafür, daß auch die Staatsgewalt nicht berufen und befähigt ist, die Schäden des heutigen Gesellschaftszustandes zu heilen und insbesondere die Arbeiterfrage zu lösen" (NAGEL 1870, 157).

Auszüge aus einer Rede von Johann Hinrich Wichern im Oktober 1871 beispielsweise belegen, dass, seiner Ansicht nach, die evangelische Seite es verpasst hatte, die ‚Soziale Frage' auf die Tagesordnung der kirchlichen Diskussion zu stellen:

> *„Die soziale Frage gehört der ganzen Kulturwelt an, und der Staat ist dabei ebenso beteiligt wie theoretisch und praktisch die Kirche. Sie hat nicht bloß politische, sondern zugleich wesentlich kirchliche Seiten"* (WICHERN 1871, 181f).

> *„Reich an Ämtern, d.h. an Diensten für alle Bedürfnisse des Vaterlandes, hätte sie (die protestantische Kirche) dann auch frei, in sich wahr und mächtig dem Staat gegenübergestanden, unter dem sie dann nicht nötig gehabt hätte, wie jetzt, ihr Leben erst zu erbitten und mit Not zu fristen"* (ebd., 183).[65]

Wie anhand der Beispiele zu erkennen ist, wurde in öffentlichen politischen Reden weiterhin selbstverständlich auf christliche Werte Bezug genommen, sie erhielten überdies ihren Stellenwert. Die Abgrenzung zur sozialistischen Arbeiterbewegung, die Etablierung verschiedenster kirchlich organisierter Arbeitervereine mit dem Ziel, die Arbeiter vor den Sozialisten zu schützen, trug dazu bei, den Solidaritätsbegriffs zu meiden (vgl. auch REISZ 2006, 153).

Wie bereits in Kapitel 1.7 beschrieben wurde, bildete der Solidarismus in Frankreich die Basis für staatliche Sozialreformprogramme. In Deutschland dagegen spielte bei der Ankündigung und Einführung der Sozialgesetze durch den

---

[65] S. auch die Verhandlungen des achten deutschen Protestantentages zu Wiesbaden von Viktor Böhmert am 29. September 1874: „Die soziale Frage [...] enthält außer der wirtschaftlichen Seite vorzugsweise eine sittlich-religiöse Aufgabe, an deren Lösung alle Kirchen und Konfessionen in friedlicher Gemeinschaft mitzuwirken haben. [...] Die Kirche hat im Gegensatz zu den sozialistischen Lehren den Grundsatz zu betonen, daß jeder erwachsene handlungsfähige Mensch für seine Wohlfahrt selbst verantwortlich sein und die Verbesserung der sozialen Zustände mit der Arbeit an sich selbst beginnen müsse" (BÖHMERT 1874, 478). Ausschnitt aus dem Gründungsaufruf der Deutsch-Konservativen Partei am 7. Juni 1876: „Wir erkennen einerseits dem Staat das Recht zu, kraft seiner Souveränität sein Verhältnis zur Kirche zu ordnen [...]. Andererseits wollen wir keinen Gewissenszwang und deshalb kein Übergreifen der staatlichen Gesetzgebung auf das Gebiet des inneren kirchlichen Lebens" (DEUTSCH-KONSERVATIVE PARTEI 1876, 511).

Reichskanzler Otto von Bismarck (1883 Krankenversicherung, 1884 Unfallversicherung, 1889 gesetzliche Rentenversicherung) der Solidaritätsbegriff keine Rolle.[66] Statt *Solidarität* war ‚Fürsorge' der Leitbegriff der staatlichen Sozialpolitik, verankert in den „sittlichen Fundamenten des christlichen Volkslebens", wie aus der Kaiserlichen Botschaft von 1881 (und anderen Quellen[67]) zu entnehmen ist:

> *„Ergänzend wird ihm (dem Reichstag) eine Vorlage zur Seite treten, welche sich eine gleichmäßige Organisation des gewerblichen Krankenkassenwesen zur Aufgabe stellt. Aber auch diejenige, welche durch Alter oder Invalidität erwerbsunfähig werden, haben der Gesamtheit gegenüber einen begründeten Anspruch auf ein höheres Maß staatlicher Fürsorge, als ihnen bisher hat zuteil werden können. Für die Fürsorge die rechten Mittel und Wege zu finden, ist eine schwierige aber auch eine der höchsten Aufgaben jedes Gemeinwesens, welches aus den sittlichen Fundamenten des christlichen Volkslebens steht"* (KAISER WILHELM I. 1881, 64).

> *„Der Glaube an die friedliebende Zuverlässigkeit der deutschen Politik hat bei allen Völkern einen Bestand gewonnen, den zu stärken und zu rechtfertigen Wir als Unsere vornehmste Pflicht gegen Gott und gegen das deutsche Vaterland betrachten"* (ebd., 65).

Neben der Bezugnahme auf christliches Gedankengut wird für die deutsche Sozialpolitik die „starke Tradition der Reform von oben" (RITTER 1989, 79) lei-

[66] Wohl auch insofern nicht, als der Aufbau des deutschen Sozialstaats in die Zeit der sogenannten ‚Sozialistengesetze' fiel und dazu dienen sollte, den sozialistischen ‚Umsturzbewegungen' den Wind aus den Segeln zu nehmen. Das „Gesetz gegen die gemeingefährlichen Bestrebungen der Sozialdemokratie" galt von 1878 bis 1890 und war einer der politischen Kontextbedingungen der Gründung des deutschen Sozialstaats.

[67] ‚Fürsorge' wird beispielsweise auch in einer Ansprache des preußischen Evangelischen Oberkirchenrats von 1879 verwendet:„Das warme Mitgefühl der christlichen Liebe mit den Notleidenden, wie der Ernst der Gefahr eines Krieges aller gegen alle, muß zu tatkräftigem Handeln und entschlossenem Widerstand wachrufen. Angesichts der umfassenden und tiefgehenden Notstandes können die Geistlichen […], es sich nicht nehmen lassen, ihre persönlichen Erfahrungen und Gaben geltend zu machen bei der Organisation wechselseitiger Unterstützung, bei der Einrichtung von Altersversorgungs- und Sparkassen, bei der Fürsorge für die Frauen, die Kinder, die Kranken, für gesunde Wohnungen und angemessene Erholungsstätten der Arbeiter oder bei anderen gemeinnützigen Bestrebungen zum Besten der arbeitenden Klassen. Auch sind sie vor anderen berufen, versöhnend zwischen die durch grelle Gegensätze des Besitzes und gegenseitiges Mißtrauen getrennten Kreise des Volkes zu treten" (HERMES 1879, 581f).

tend. Geprägt durch den lutherischen Protestantismus und die dominante gesellschaftliche Position des Adels war Deutschland eine stark obrigkeitshörige Nation, in der eine „von konservativen Vorstellungen bestimmte, paternalistische Politik“ (ebd., 23) vorherrschte, wie beispielsweise die folgende Aussage der deutsch-konservativen Partei von 1876 eindrücklich belegt:

> „*Wir legen auf politischem Gebiet entscheidendes Gewicht auf die monarchischen Grundlagen unseres Staatslebens und eine kräftige, obrigkeitliche Gewalt.*“ (DEUTSCH-KONSERVATIVE PARTEI 1876, 511).

Patriarchale Vorstellungen bezogen sich nicht nur auf die Politik im Kaiserreich, sondern prägten auch die Vorstellung von Familie im 19. Jahrhundert, die analog auf andere soziale Beziehungen übertragen wurden:

> „*Man gebe dem Fabrikherrn inmitten der ihn umgebenden Arbeiterfamilie wieder jene Stellung, jene ihm von Gottes- und Rechtswegen gebührende Autorität zurück, wie sie analog der christliche Familienvater in seiner Familie hat, und die Macht des Sozialismus ist an ihrer gefährlichsten Stelle getroffen. Man kann die Schutzpflicht des christlichen Patrons kurz als eine dreifache bezeichnen: sie betrifft die Person, das Eigentum und das Gewissen der Arbeitnehmer*“ (KATHOLISCH-SOCIALES CENTRAL ORGAN 1880, 588).

Die angeführten Quellen können nur punktuelle Auszüge und Hinweise sein, zeigen jedoch, dass nicht der Begriff der Solidarität, sondern viel eher die patriarchale Fürsorgeidee mit ihrem christlich geprägten hierarchischen Beziehungsgefälle im sozialpolitischen Kontext leitend war: ein herablassendes Wohlwollen. Eine horizontal säkulare Form der ‚solidarité‘, wie sie in Frankreich konzipiert wurde, war im obrigkeitshörigen christlich geprägten Deutschland nicht anschlussfähig. *Solidarität* passte sich dagegen, wenn sich auf diese bezogen wurde, der hierarchisch und christlich geprägten politischen Landschaft an.

Welcher Solidaritätsbegriff liegt dem heutigen Verständnis zu Grunde? Bedeutet die gegenwärtig hohe Konjunktur des Begriffs etwa, dass die Gründe für die selektive Rezeption des französischen Solidaritätsbegriffs weggefallen sind? Erstens besteht die Erbfeindschaft zwischen Frankreich und Deutschland nicht mehr. Zweitens liegen immer noch Sprachbarrieren vor, dennoch kann heute auf eine Vielzahl von Übersetzungen zurückgegriffen werden. Jedoch bleibt drittens die Rezeption davon abhängig, welche Übersetzungen vorhanden sind und welche nicht. Es wäre sicherlich erkenntnisreich, innerhalb einer Forschungsarbeit umfänglich zu untersuchen, wann welche Werke ins Deutsche übersetzt oder nicht übersetzt, und wie sie rezipiert wurden. Viertens wurde der politische Einfluss der Kirchen 1919 mit der Abschaffung des Protestantismus als Staatskirche zurückgedrängt, wobei der gesellschaftliche Bezug auf christliche Werte weiter bestand und den konfessionellen Wohlfahrtsverbänden seit der Entfaltung des deutschen Sozialstaats in der Weimarer Republik bis heute eine starke Stellung eingeräumt wurde. Fünftens wurde spätestens in den 1960er Jahren der für die deutsche Sozialpolitik lange Zeit bestimmende Leitbegriff der ‚Fürsorge' zurückgedrängt (s. Bundessozialhilfegesetz und Jugendwohlfahrtsgesetz), und sechstens verloren im Zuge der ‚68er Bewegung' auch christliche Wertbeziehungen an gesamtgesellschaftlicher Plausibilität und Akzeptanz. Hinzu kam siebtens, dass auch die traditionellen Autoritäts- und Gehorsamsorientierungen und die Selbstverständlichkeit von Strukturen sozialer Ungleichheit in Frage gestellt wurden, so dass auch diese bisherigen Hemmnisse entfielen, welche die Akzeptanz des Solidaritätsbegriffs in Deutschland möglicherweise erschwerten. Achtens waren auch die bisherigen Begriffe wie ‚Volk' oder ‚Gemeinschaft' durch den nationalsozialistischen Gebrauch entwertet und – auch angesichts der deutschen Teilung – als Integrationsbegriffe nicht mehr brauchbar (vgl. GROßE KRACHT 2017, 293). So verweist auch Rainer Zoll auf eine „Inflation" des Begriffs der Solidarität in grundsätzlichen Dokumenten der politischen Parteien, Gewerkschaften, Organisationen der Arbeiterbewegung, christliche Kirchen und Vereine „nach dem Zweiten Weltkrieg" aufgrund der „Katastrophen des Weltkriegs" (ZOLL 2000, 15).

Führt der Wegfall der Gründe einer Tabuisierung des Solidaritätsbegriffs auch zur Vervielfältigung seiner Bedeutungen im heutigen politischen Diskurs in Deutschland? Bevor diese Frage geklärt werden kann, werden die Grundsatzprogramme der Parteien des Deutschen Bundestags und die vom DBSH e.V. verfassten berufsethischen Standards der Sozialen Arbeit auf die ihnen zugrundeliegenden Solidaritätsverständnisse geprüft und anhand eines Systematisierungsrasters analysiert. Im folgenden Kapitel wird dieses Raster dargelegt, wie es sich im Laufe der Arbeit über die Analyse der vorfindbaren Solidaritätsbegriffe in Frankreich und Deutschland des 19. Jahrhundert entwickeln ließ.

4. Systematisierung des Solidaritätsbegriffs

Die historische Herangehensweise an den Begriff der Solidarität legt ein weites Spektrum seiner Bedeutung nahe. Was anfänglich als ‚buntgemischtes Farbenwirrwarr' erschien, lässt sich nun als Komposition von Grundfarben erkennen, gleichsam als Farbpalette, aus der die Farben der *Solidarität* gemischt werden. Die vier verschiedenen Grundfarben stehen metaphorisch für die Dimensionen der Ausrichtung, Quelle, Bezugsebene und Reichweite.

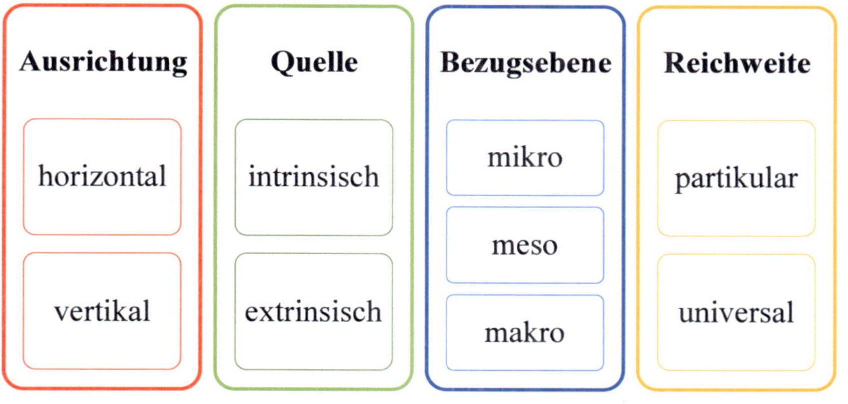

Abbildung 1: Eigene Systematisierung des Solidaritätsbegriffs

Die in den ersten beiden Kapiteln beschriebenen Solidaritätsbegriffe mischen sich aus unterschiedlichen Farbanteilen. So schillern die Begriffe ganz verschieden. Mal setzt sich die Farbe der Ausrichtung (eher politisch), mal die der Quelle (eher psychologisch), die der Reichweite (eher philosophisch) oder der Bezugsebene (eher soziologisch) durch. Mit Hilfe des Systematisierungsrasters können anhand der vier Dimensionen bestimmte Prüffragen verfolgt werden.

Ausrichtung

Innerhalb der Farbe der Ausrichtung wird die Frage danach gestellt, inwieweit dem Solidaritätsbegriff ein vertikales (hierarchisches) oder horizontales Verständnis zu Grunde liegt. Die Ausrichtung ist kein dem Solidaritätsbegriff inhärentes Merkmal, sondern ist von einem normativ festgelegten Menschen- und Gesellschaftsbild abhängig, das sich auf das Verständnis von *Solidarität* auswirkt und dieses prägt. *Solidarität* ist demnach abhängig von Werten und Normen, die in einer bestimmten Gruppe oder Gesellschaft vorherrschen (vgl. LÖSCHKE 2015, 71ff).

Die Dimension der Ausrichtung hängt mit der Frage zusammen, inwieweit jeder Mensch für sich selbst allein verantwortlich ist oder immer auch zugleich als Mitglied einer Gesellschaft im Sinne der *Gesamtheit* der Gesellschaft (‚Gemeinwohl') handeln muss. Ebenso kann die Frage aufgeworfen werden, inwieweit eine Gesellschaft als Vergemeinschaftung von Gleichen oder als Vergesellschaftung von Ungleichen gedeutet wird? Für wen gelten die Gesetze, wie sind Rechte und Pflichten an einen bestimmten gesellschaftlichen Status gekoppelt? Wird die Betrachtungsweise der Gesellschaft durch einen vertikalen Blick gelenkt, der die Menschen unterteilt in arm/reich oder schwach/stark, oder durch einen horizontalen Blick, der Menschen als Gleiche unter vielen anerkennt?

Quelle

Die Farbe der Quelle steht für die Frage, inwieweit *Solidarität* innengeleitet (intrinsisch) oder außengeleitet (extrinsisch) entsteht: aus dem menschlichen Selbstbewusstsein heraus, ein soziales Wesen und auf andere angewiesen zu sein, oder aus normativen Vorgaben, etwa rechtlichen Ansprüchen, bzw. strukturellen Abhängigkeiten. Welches Potential an *Solidarität* lässt sich in der Gegenwartsgesellschaft beobachten? Wie wirken die erzwungenen Solidarsysteme, etwa die Gesetzliche Arbeitslosen- oder Rentenversicherung, im Gegensatz zu intrinsisch motivierten Solidarsystemen wie der Solidargemeinschaft Familie? Welche Form der Solidaritätsquelle ist in welchem Kontext zu präferieren (vgl. dazu ausführlich STEINVORTH 1998, 54ff)?

Reichweite

Die Farbe der Reichweite ist mit der Frage verbunden, inwieweit *Solidarität* eine „Art von Parteilichkeit" (LÖSCHKE 2015, 59) ausdrückt. Ist der Adressat*innenkreis von Solidaritätsanforderungen begrenzt: umfasst er also immer weniger als die Gesamtheit aller Personen, wird ein ‚Wir' gemeint, das sich gegen ‚die Anderen' abgrenzt (partikularistisch)? Oder ist *Solidarität* von einem universalistischen Verständnis getragen, das prinzipiell alle Menschen einbezieht und niemanden ausschließt? Wenn *Solidarität* partikular gedacht wird, bleibt offen, welche Beachtung Menschen außerhalb dieser geschlossenen Solidargemeinschaft finden. Die Idee einer allgemeinen Abhängigkeit, eines Angewiesenseins oder einer Verbundenheit aller Menschen und die daraus abgeleitete Verpflichtung, jeder anderen Person unterschiedslos zu begegnen und ihr ‚gerecht' zu werden, „scheint die moralische Leistungsfähigkeit der meisten Menschen zu überfordern" (BAYERTZ 1998a, 21). So brechen z.B. Fragen nach der Umsetzbarkeit, nach der Realisierbarkeit von *Solidarität* in der ‚Weltgesellschaft' auf.

Bezugsebene

Ausgehend von unterschiedlichen Erscheinungsweisen des Sozialen (Familie, sozialer Nahraum, Organisationen, Gesellschaft, Weltgesellschaft) kann der Solidaritätsbegriff auf unterschiedlichen Ebenen angesiedelt sein: Auf der Mikroebene geht es um direkte Interaktions- oder Gruppenbeziehungen, auf der Mesoebene um Organisations- oder Netzwerkbeziehungen und auf der Makroebene um komplexe (etwa arbeitsteilige) gesamtgesellschaftliche Zusammenhänge.

5. Analytische Anwendung der Systematisierung

Das folgende Kapitel nimmt eine Analyse der Solidaritätsdimensionen in den Grundsatzprogrammen der Parteien im Deutschen Bundestag und in der vom DBSH e.V. entworfenen „Berufsethik für die Soziale Arbeit" vor. Die Grundsatzprogramme (auch Parteiprogramme genannt) beinhalten grundsätzliche Forderungen, Werte und Ziele einer politischen Partei, die von einem Parteitag beschlossen worden sind und über einen längeren Zeitraum gelten, weshalb dort keine konkreten Positionierungen zur aktuellen Tagespolitik enthalten sind.

Ähnlich ist die vom DBSH e.V. entworfene Berufsethik zu verstehen. Sie ist zwar keine politische Schrift, erfüllt jedoch die Funktion, „gegenüber Öffentlichkeit und Politik die Wirkungsmächtigkeit, aber auch die Begrenzung der Profession" darzustellen, und verdeutlicht die „grundsätzliche Orientierung der Sozialen Arbeit" (DBSH E.V. 2014, 41). Es ist ein Grundsatzdokument für die Professionsangehörigen der Sozialen Arbeit.

5.1 Grundsatzprogramme der Parteien im Deutschen Bundestag

Da der Begriff der Solidarität in den Grundsatzprogrammen der Parteien im Deutschen Bundestag nach eigener Zählung insgesamt knapp einhundertmal vorkommt, kann nicht auf jede Einzelnennung eingegangen werden. Um Schwerpunkte herauszufiltern, wie die Solidaritätsbegriffe innerhalb einer Partei in ihrer Tendenz bestimmt werden können, werden auch, eruiert durch Berechnung der absoluten Häufigkeit, andere im Kontext von *Solidarität* verwendete Substantive miteinbezogen.[68] Die Parteiprogramme werden in der Reihenfolge ihres Beschlussdatums analysiert.

5.1.1 BÜNDNIS 90/DIE GRÜNEN

Auch wenn bereits ein neues Grundsatzprogramm der Partei BÜNDNIS 90/DIE GRÜNEN für Herbst 2020 in Aussicht gestellt ist, dient das noch geltende Programm, das im März 2002 in Berlin beschlossen wurde, als Grundlage für die Analyse. Es ist im Vergleich zu den Grundsatzprogrammen der anderen Parteien derzeit das älteste.

In den Abschnitten zur *Solidarität*, die im gesamten Programm 20 Mal benannt und mit ca. 16.000 Zeichen und mit 2000 Worten umschrieben wird (vgl. DIE GRÜNEN 2002), kommen folgende Substantive gehäuft vor: Menschen (15), Europa (13), Gerechtigkeit (10), Politik (9), Bürger*innen (8), Verantwortung (8), Gesellschaft (6), Engagement (6) und Zukunft (5).

Solidarität entspringt der Bündnisgrünen-Politik zufolge dem Grundsatz der Gerechtigkeit[69] (vgl. ebd., 12; 61ff), was die häufige Nennung von ‚Gerechtigkeit'

---

[68] Die absolute Häufigkeit wird jeweils hinter den Substantiven in Klammern angeführt. Es wurden nicht die Worte bzw. Zeichen des gesamten Grundsatzprogramms gezählt, sondern nur die Worte bzw. Zeichen der Absätze, in denen der Solidaritätsbegriff vorkommt (s. Anhang).

[69] „Bündnisgrüne Politik steht für Teilhabegerechtigkeit, für Generationengerechtigkeit, für Geschlechtergerechtigkeit und für internationale Gerechtigkeit. Diese Dimensionen von Gerechtigkeit dürfen trotz praktischer Konflikte nicht gegeneinander ausgespielt werden.

und verschiedenen ‚Bindestrich-Gerechtigkeit(en)' im Kontext von *Solidarität* erklären kann. Gerechtigkeit erscheint demnach als ein der *Solidarität* übergeordnetes normatives Prinzip, eine Grundierung. Der Solidaritätsbegriff wird mit dem einzelnen ‚Menschen' in Zusammenhang gebracht, der als ‚Bürger*in' durch ‚Engagement' ‚Verantwortung' für die ‚Gesellschaft' trägt:

> *„Solidarität lebt durch selbstbewusste Individuen; sie stärkt die Bürgerinnen und Bürger, anstatt sie zu entmündigen"* (ebd., 13).
>
> *„Ohne Freiheit der gesellschaftlichen Kräfte, ohne Selbstbestimmung der Bürgerinnen und Bürger [...] erstarrt soziale Solidarität in Bürokratie. Es geht uns um die Förderung der zivilen Gesellschaft mit Mitteln des Staates bei gleichzeitiger Begrenzung des Staates"* (ebd., 43).
>
> *„Wir wollen eine politische Kultur der Solidarität entwickeln, in der Respekt, Toleranz und Hilfe sowie das Engagement für die Schwächsten selbstverständlich ist"* (ebd., 61).[70]

Die Voraussetzung oder Quelle der *Solidarität* liegt intrinsisch in den Individuen, weshalb diese, den Bündnisgrünen zufolge, in ihrer Selbstbestimmung und Mündigkeit gefördert werden müssen. Deutlicher Schwerpunkt liegt im Grundsatzprogramm der Grünen auf der Quelle bzw. Motivation zu *Solidarität*.

In der Verwendung des Solidaritätsbegriffs lässt sich eine Reichweite über nationale Grenzen hinweg belegen, denn

---

Gerechtigkeit verlangt Solidarität und bürgerschaftliches Engagement" (DIE GRÜNEN 2002, 12).

[70] Weitere Ausschnitte: „Die Menschen wollen sich einbringen und aktiv mitwirken, sie wollen einen Sinn erkennen und nicht zuletzt Freude und auch Spaß dabei haben. Aufgabe der Kommunalen Politik ist es, für moderne Menschen und veränderte Motivlagen passende Angebote und Gelegenheiten zu fördern, in denen sich Menschen selbst entfalten und gleichzeitig etwas für andere tun können. In einer Zeit, in der die traditionellen Quellen der Solidarität eher schwächer werden, kommt diesen neuen Formen des sozialen und bürgerschaftlichen Engagements eine besondere Bedeutung zu. Es sind die Orte an den Wurzeln der Gesellschaft, an denen Solidarität gelernt und eingeübt werden kann" (ebd., 67). Oder: „Bildung ist für uns vor allem Persönlichkeitsbildung. Sie ist Grundlage für einen verantwortungsvollen Umgang der Menschen mit sich selbst, mit anderen Menschen und mit der Umwelt. Eine solche Bildung ermöglicht Urteils- und Kritikfähigkeit, Empathie und Solidarität. Sie schärft den Blick für gesellschaftliche und politische Alternativen zum Status quo und fördert das kreative und innovative Potenzial jedes Einzelnen" (ebd., 95).

> *„Globalisierung eröffnet die große historische Chance, die alte humanistische Idee zu verwirklichen: die Menschheit sieht sich in weltweiter Verantwortung und in Solidarität füreinander – und handelt auch so. In diesem Sinne sind auch die Grünen Teil einer Bewegung, die aus dem Bewusstsein der Globalisierung und aus der Sorge um deren weltweite ökologische und soziale Folgen entstanden ist"* (ebd., 145).

Gleichzeitig wird ein Zwiespalt zwischen einer durch globale Verflechtungen erzwungen internationalen, ja universalen und einer nationalen, d.h. partikularen *Solidarität* deutlich und schwingt in den Abschnitten zu *Solidarität* mit:

> *„Deutschlands Abhängigkeiten sind durch die internationalen Veränderungen nicht geringer geworden. Zugleich ist unsere Verantwortung in Europa und in der Welt gewachsen. Wir wollen eine deutsche Politik, die im internationalen Interesse Verantwortung übernimmt. Deutschland darf seine internationale Politik nicht auf nationale Interessen reduzieren, auch wenn eine Politik der internationalen Solidarität und globalen Verantwortung keineswegs von gesellschaftlichen Interessen im eigenen Land abstrahieren kann"* (ebd., 150).

Die Analyse des Grundsatzprogramms der Bündnisgrünen lässt zwei Farbnuancen des Solidaritätsbegriffs herausstechen: die intrinsische, in jedem Menschen selbst verortete Quelle und die lokal und national geprägte, also partikulare Reichweite mit dem Streben zu einer universalen internationalen *Solidarität*.

5.1.2 Sozialdemokratische Partei Deutschlands

Das Grundsatzprogramm der SPD wurde im Oktober 2007 in Hamburg beschlossen. Der Solidaritätsbegriff wird – entgegen aller Erwartung – nur 15 Mal erwähnt und mit knapp 6.000 Zeichen und 750 Worten, deutlich weniger als in anderen Programmen, umschrieben (vgl. SPD 2007). Den Begriff der Solidarität rahmen folgende Substantive: Sozialstaat (7), Freiheit (6), Gerechtigkeit (5), Recht (5), Menschen (4), Demokratie (4), Generationen (3), Gesellschaft (3), Grundlage (3), Grundwerte (3), Kooperation (3) und Politik (3).

Im Grundsatzprogramm der SPD sind alle drei Bezugsebenen (Mikro, Meso, Makro) benannt, auf denen sich *Solidarität* entfalte:

> „*Solidarität ist eine starke Kraft, die unsere Gesellschaft [Makro; EE] zusammenhält – in spontaner und individueller Hilfsbereitschaft [Mikro; EE], mit gemeinsamen Regeln und Organisationen [Meso; EE], im Sozialstaat als politisch verbürgter und organisierter Solidarität [Makro; EE]*" (ebd., 16).

Jedoch steht in den anderen Abschnitten zur *Solidarität* weniger die „wechselseitige Verbundenheit" (ebd.) auf der Mikro- und Mesoebene im Vordergrund, sondern eher die sozialstaatlich ‚organisierte Solidarität' auf der Makroebene, wie auch an den häufig benannten Begriffen (‚Sozialstaat, ‚Demokratie' und ‚Gesellschaft') erkannt werden kann.

Der „vorsorgende Sozialstaat" (ebd., 5), der als Ziel der SPD genannt wird, akzentuiert außerdem eine vertikale Ausrichtung im Verständnis von *Solidarität*: Die solidarische Verantwortung wird nicht bei oder zwischen den Umsorgten gesehen, sondern bei denjenigen, die Sorge leisten. Dies gilt auch für die Beurteilung dessen, was Sorge bereitet (Schwäche), und dessen, was keine Sorge bereitet (Stärke).[71] Dieser Dualismus verstärkt ein hierarchisches Verständnis von *Solidarität*, wie es sich im folgenden Auszug exemplarisch verdichtet:

> „*Der Sozialstaat ist die organisierte Solidarität zwischen den Starken und den Schwachen, den Jungen und den Alten, den Gesunden und den Kranken, den Arbeitenden und den Arbeitslosen, den Nichtbehinderten und den Behinderten*" (ebd., 56).

Deutlich wird auch, dass sich die Motivation für *Solidarität* nicht intrinsisch entwickelt, sondern extrinsisch, staatlicherseits garantiert wird:

---

[71] „Wir entwickeln den vorsorgenden Sozialstaat, der Armut bekämpft, den Menschen gleiche Chancen auf ein selbstbestimmtes Leben eröffnet, gerechte Teilhabe gewährleistet und die großen Lebensrisiken verlässlich absichert. [...] Unsere Unterstützung gilt den Familien, unsere besondere Solidarität gilt den Schwächsten in unserer Gesellschaft" (SPD 2007, 5f).

> „*Die Demokratie stützt die Kooperationsbereitschaft durch ihre Institutionen, sie organisiert Solidarität über unterschiedliche soziale Lagen, Generationen und Herkünfte hinweg*“ (ebd., 14).

Der Solidaritätsbegriff des Grundsatzprogramms der SPD ist durch hohe Farbanteile der Makroebene, der vertikalen Ausrichtung und der extrinsischen Verortung der Quelle bestimmt.

5.1.3 Christlich Demokratische Union

Das Grundsatzprogramm der CDU wurde im Dezember 2007 in Hannover beschlossen. Auch bei der CDU soll bis 2020 ein neues Grundsatzprogramm erarbeitet werden.

Der Begriff der Solidarität kommt im gesamten Programm 40 Mal vor und wird mit knapp 15.200 Zeichen und 2000 Worten beschrieben (vgl. CDU 2007). Um den Solidaritätsbegriff herum häufen sich folgende Substantive: Menschen (19), Sicherheit (13), Familie (10), Freiheit (9), Gerechtigkeit (9), Leben (9), (soziale) Marktwirtschaft (9), Staat (9), Verantwortung (9), Gesellschaft (7), Kinder (7) und Eigenverantwortung (6).

Wie bereits die Häufigkeit der Begriffsverwendungen erahnen lässt, ist das Bedeutungsspektrum von *Solidarität* sehr vielfarbig und lässt eine dominierende Farbe kaum erkennen.

Die CDU definiert *Solidarität* als „Gebot der Nächstenliebe“ (ebd., 8) und hebt mehrfach hervor, dass sie der sozialen Natur des Menschen entspreche (ebd., 60). Durch den Bezug auf die christliche Tradition der Nächstenliebe, das christliche Menschenbild und die Menschenwürde soll *Solidarität* „für alle“ (ebd., 8) ein menschenwürdiges Leben ermöglichen (universell):

> „*Wir dürfen auch nicht auf Kosten unserer Mitmenschen in anderen Teilen der Welt leben. Wir setzen uns für eine weltweite Solidarität der Völkergemeinschaft ein. Ohne sie ist die Kluft zwischen Arm und Reich nicht*

zu überwinden und die Bewahrung der Schöpfung nicht möglich" (ebd., 7).[72]

Dennoch wird die Reichweite von *Solidarität* praktisch begrenzt, d.h. partikular, zentriert auf Deutschland, gesehen, wie folgende Auszüge belegen:

> *„Jeder hat das Recht und die Pflicht zur Solidarität und trägt mit seiner Arbeit und Leistung dazu bei, dass die Gemeinschaft für den Einzelnen eintreten kann"* (ebd., 8).
>
> *„Ohne die gemeinsame Wertschätzung unseres freiheitlichen Gemeinwesens, ohne Patriotismus, ohne die Bereitschaft, in Heimat und Nation Pflicht zu erfüllen, Verantwortung zu übernehmen und Solidarität zu üben, kann ein Staat nicht gedeihen"* (ebd., 13).

Die Zuordnung zu einer bestimmten Ausrichtung ist nicht eindeutig. In manchen Ausschnitten entsteht der Eindruck, dass eine vertikale Ausrichtung von *Solidarität* zu Grunde liegt:

> *„Es entspricht unseren Grundwerten von Solidarität und Gerechtigkeit, dass finanziell Leistungsfähige stärker in die Pflicht genommen werden als Schwache"* (ebd., 70).

Bereits in der Unterscheidung, bei der die einen als „Leistungsfähige" und nicht als ‚Starke' und die „Schwachen" nicht als ‚Leistungsunfähige' bezeichnet werden, wird ein Gefälle deutlich. Andere Ausschnitte lassen dagegen eine horizontale Ausrichtung von *Solidarität* erahnen:

> *„Heilung, Leidminderung und die helfende Begleitung von Menschen in lebensbedrohlichen Situationen sind Ausdruck von Humanität, Solidarität und der im christlichen Glauben begründeten Nächstenliebe. Behinderte, Kranke, Sterbende und Menschen in anderen schwierigen Lebensphasen haben ein Anrecht auf ein menschenwürdiges Leben"* (ebd., 74).

Die Quelle der *Solidarität* sieht die CDU eindeutig als personale Haltung an, d.h. sie ist ihr zufolge intrinsisch in den Personen und personalen Beziehungen

---

[72] „Das christliche Menschenbild leitet uns auch in Zukunft. Jeder Mensch hat das Recht auf die freie Entfaltung seiner Person. Jeder trägt aber auch Verantwortung für seinen Mitmenschen" (CDU 2007, 20).

zu verorten und nicht extrinsisch beim Staat[73]. Beispielsweise gilt die Familie – u.a. als Ort für die Erziehung – als Fundament für die Gesellschaft:

> *„Familie ist überall dort, wo Eltern für Kinder und Kinder für Eltern dauerhaft Verantwortung tragen. Sie ist der Ort, an dem Partnerschaft und Solidarität gelebt und der Sinn für Gerechtigkeit vermittelt wird. In ihr reift der Mensch zur Persönlichkeit heran und entfaltet sich zur Freiheit in Verantwortung [...]. Wir wollen starke Familien, in denen die Kinder zu starken Persönlichkeiten heranwachsen, fähig zu Eigenverantwortung und Solidarität"* (ebd., 25f).

Gleichzeitig wird an das Engagement der Zivilgesellschaft appelliert:

> *„Die sozialen Fragen von heute sind von einer anderen Qualität als in der Vergangenheit [...]: Ob es sich darum handelt, die Nachbarschaft und ganze Stadtviertel nicht veröden zu lassen, [...] – all das erfordert mehr als staatliche Maßnahmen. Um die großen Fragen unserer Zeit erfolgreich anzugehen, brauchen wir neu gelebte Solidarität und Eigeninitiative aus der Mitte der Gesellschaft"* (ebd., 24).

> *„Eine nur auf finanzielle Zuwendung beruhende Vorstellung von Sicherheit und Solidarität lehnen wir ab. Nur eine Kombination aus Eigenverantwortung, staatlichen Leistungen und bürgergesellschaftlichem Engagement kann die Sicherheit schaffen, die die Menschen brauchen"* (ebd., 61).

Der Begriff der Solidarität ist im Grundsatzprogramm der CDU theoretisch durch universale Reichweite geprägt, praktisch jedoch auf die Nation begrenzt. Ebenso schillernd ist die Bestimmung der Ausrichtung. Einerseits besteht theoretisch die Vorstellung einer horizontalen Ausrichtung (und zwar stärker als im Parteiprogramm der SPD), andererseits sind Tendenzen zu einer vertikalen Ausrichtung zu erkennen. Eindeutigkeit lässt sich im Bezug auf die Quelle der *Solidarität* feststellen: Sie wird intrinsisch in jedem einzelnen Bürger und jeder ein-

---

[73] „Die CDU ist nicht die Partei, die reflexartig vom Staat die Lösung aller gesellschaftlichen Probleme erwartet. [...] Die CDU will die kleinen Einheiten stärken, aus denen beides erwächst: Entfaltung und Zusammenhalt, Eigenverantwortung und Solidarität. Die erste und wichtigste Gemeinschaft ist die Familie" (CDU 2007, 24).

zelnen Bürgerin gesehen. Das Farbspektrum im Grundsatzprogramm der CDU erscheint vielfarbig, wenn nicht bunt.

5.1.4 DIE LINKE

Im Oktober 2011 wurde das Grundsatzprogramm der Partei „DIE LINKE“ auf dem Parteitag in Erfurt beschlossen. Der Begriff der Solidarität (10) kommt im gesamten Programm 21 Mal vor, immerhin häufiger als im Parteiprogramm der SPD. Die einschlägigen Abschnitte umfassen knapp 17.000 Zeichen und 2000 Worte (vgl. DIE LINKE 2012). In der Umschreibung von *Solidarität* treten folgende Substantive gehäuft auf: Menschen (20), Gesellschaft (16), Linke (11), Kapitalismus (10), Entwicklung (8), Freiheit (8), Welt (8), Bildung (7), Leben (7), Ziel (7), Demokratie (6), Frieden (6), Gerechtigkeit (6), Gleichheit (6), Politik (6) und Sozialismus (6).

Im Programm der ‚Linken‘ entfaltet sich der Solidaritätsbegriff vor allem mit Blick auf die Farbe der Ausrichtung, und zwar mit horizontaler Akzentuierung, wie folgende Ausschnitte belegen:

> *„Wir setzen auf globale Kooperation und Solidarität statt auf das Recht des Stärkeren“* (ebd., 5).

> *„Seit den 60er Jahren entwickelte sich eine gesellschaftskritische außerparlamentarische Opposition. Das war eine Bewegung für mehr Demokratie und Solidarität, gegen autoritäre Tendenzen […], gegen Bildungsprivilegien, Medien- und Kapitalmacht“* (ebd., 11).

> *„Unser Ziel eines demokratischen Sozialismus im 21. Jahrhundert ist eine herrschaftsfreie Gesellschaft, in der alle Menschen menschenwürdig leben können. Demokratischer Sozialismus orientiert sich an den Werten der Freiheit, Gleichheit, Solidarität, an Frieden und sozialökologischer Nachhaltigkeit“* (ebd., 28).

Solidarität ist überwiegend „Contra-Solidarität“, d.h. kapitalismuskritisch aufgestellt: Die Gesellschaft sei vom Kapitalismus, der auf „Ungleichheit, Ausbeutung, Expansion und Konkurrenz beruht“ (ebd., 5), durchdrungen. Da der Begriff zumeist gesamtgesellschaftlich gemeint ist und auf die globale Bevölkerung bezogen wird, liegt der Schwerpunkt der beschriebenen *Solidarität* auf der Makroebene. Außerdem wird der Blick auf die Mesoebene der „Solidarität der Lohnabhängigen [...] von den Kernbelegschaften bis zu den Erwerbslosen und prekär Beschäftigten" gelenkt, um die politische und ökonomische „Veränderung der Kräfteverhältnisse" (ebd., 72) voranzutreiben.

Neben der horizontalen Ausrichtung ist damit eine weitere Farbe des Solidaritätsbegriffs im Grundsatzprogramm der Linken zu erkennen. Wie bereits die häufige Wortverbundenheit von *Solidarität* und ‚Welt' vermuten lässt, dehnt sich seine Bedeutung in diesem Parteiprogramm auf den internationalen oder globalen Raum aus. Der Schwerpunkt verweist auf das Kriterium der Universalität, was sich gut am beschriebenen Menschenbild zeigen lässt:

> *„DIE LINKE lässt sich von dem Ziel leiten, dass alle Menschen, unabhängig davon, in welcher Region der Erde sie leben, selbstbestimmt, in Würde und Solidarität leben können. Diesem Ziel liegt ein Menschenbild zugrunde, das von der Universalität und Unteilbarkeit der Menschenrechte ausgeht und lediglich eine Begründung braucht: Weil ich ein Mensch bin"* (ebd., 28f).

> *„DIE LINKE kämpft [...] für internationale Solidarität und Kooperation zur Verbesserung der Lebensbedingungen aller Menschen. Die Welt ist reich genug, um die ganze Menschheit vernünftig zu ernähren. Wir solidarisieren uns mit allen, die für Frieden, soziale und politische Gerechtigkeit und die Verwirklichung der Menschenwürde streiten"* (ebd., 5ff).

> *„Der Kapitalismus ist nicht das Ende der Geschichte, sondern eine Etappe der Menschheitsentwicklung, in der sich zwar viele Hoffnungen der Aufklärung erfüllten und eine enorme Steigerung der menschlichen Produktivkräfte stattfand, die aber auch massenhafte Verelendung, Völkermord und unvorstellbare Kriege über die Menschheit brachte. Heute, da der Kapitalismus zu einem globalen System geworden ist, treibt sein Raubbau an Mensch und Natur in eine globale, die menschliche Zivilisation bedrohende Krise. Wir sind davon überzeugt, dass den vielfachen Krisenszenarien nur durch Überwindung des kapitalistischen Ausbeu-*

tungssystems, Veränderung der Produktions- und Lebensweise, durch globale Solidarität, die Überwindung des Geschlechtergegensatzes, die Demokratisierung aller Lebensbereiche und eine Veränderung des Verhältnisses von Mensch und Natur entgegengewirkt werden kann. Der Kapitalismus kann überwunden werden, wenn es gelingt, Mehrheiten zu gewinnen für einen Aufbruch zu einer anderen Art zu arbeiten und zu leben" (ebd., 27).

Im Grundsatzprogramm der Linken ragt der Solidaritätsbegriff mit seinem überwiegenden Meso- und Makrobezug hervor. Sein Verständnis ist – anders als das der SPD – eindeutig horizontal ausgerichtet und zeigt, seine partikularistische Herkunft nicht verleugnend, gleichwohl eine universalistische Reichweite.

5.1.5 Freie Demokratische Partei

Das Grundsatzprogramm der FDP wurde im April 2012 in Karlsruhe beschlossen. Im Vergleich zu den anderen Parteiprogrammen reduziert sich das Vorkommen des Solidaritätsbegriffs auf sieben Nennungen (vgl. FDP 2012). Die dazugehörigen Abschnitte umfassen knapp 2600 Zeichen und 330 Wörter.

Solidarität wird vor allem im Kontext der sozialstaatlichen Finanzierungssysteme und der materiellen Absicherung jeder Generation benannt und ist mit dem Ziel verbunden, „individuelle und gesellschaftliche Freiheit" zu erreichen. So wundert es nicht, dass in Verbindung mit *Solidarität* vor allem folgende Substantive gehäuft vorkommen: Freiheit (6), Familie (3), Verantwortung (3), Bürger (2), Generationen (2), Lebensgemeinschaft (2), Menschen (2) und Sicherungssysteme (2).

Eine herausragende Stellung auch im Hinblick auf die Verbindung von „Alten und Jungen" (ebd., 58) spricht die FDP der Familie zu, wenn es heißt:

> *„Die wichtigste und grundlegende Lebensgemeinschaft ist die Familie als generationenübergreifende Verantwortungsgemeinschaft. Die Familie ist Quelle von Anerkennung und Solidarität über Generationen hinweg. Un-*

ser Bild von Ehe, Familie und anderen Verantwortungsgemeinschaften bleibt aber offen" (ebd., 50).

Die Reichweite der *Solidarität* wird zwar nicht explizit benannt, kann jedoch eher als partikular aufgefasst werden, denn das Prinzip der *Solidarität*, was der Gesetzlichen Krankenversicherung[74] oder auch der Rentenversicherung[75] zu Grunde liegt, ist auf national begrenzte Geldempfänger und -geber bezogen (die Sozialversicherten oder die steuerzahlende Bevölkerung in Deutschland). Auch der Fokus auf „Familie als generationenübergreifende Verantwortungsgemeinschaft" (ebd.) macht die partikulare Reichweite von *Solidarität* deutlich.

Es zeigt sich, dass *Solidarität* als personale Eigenschaft – als ‚Tugend' – verstanden wird und die Quelle damit intrinsisch verortet werden kann. Konkret steht geschrieben:

> *„Die Tugend der Solidarität zeigt sich in sozialer Verantwortung. Sie setzt Selbstverantwortung voraus, übt sich in Rücksicht auf andere und vollendet sich in der Sorge um die fairen Chancen der Anderen"* (ebd., 78).

Wie letztendlich die partikular begrenzte und sich auf die Mikro- und Mesoebene beziehende *Solidarität* zu einer universalen „Freiheit aller Menschen" (ebd., 24) führen soll, bleibt offen.

Auch die gegenseitige Achtung der Bürger*innen untereinander „als freie und gleichberechtigte Mitglieder einer gemeinsamen und fair geordneten Republik" (ebd., 77) wird betont, sodass eher von einer horizontalen Ausrichtung der Solidaritätskonzeption ausgegangen werden kann, wobei auch nicht genauer ausgeführt wird, was die FDP unter einer fairen Ordnung eines Landes versteht.

---

[74] „Liberale Gesundheitspolitik orientiert sich am Patienten. Jeder Bürger ist für seine Gesundheit zunächst selbst verantwortlich. Die Versichertengemeinschaft übt Solidarität für die großen Gesundheitsrisiken, die der Einzelne nicht tragen kann" (FDP 2012, 58).

[75] „Es müssen zudem endlich überfällige Entscheidungen getroffen werden, die unsere sozialen Sicherungssysteme fair und zukunftssicher gestalten. Nicht generationengerecht finanzierte soziale Sicherungssysteme können wir uns nicht länger leisten. Die Balance von Selbstvorsorge und Solidarität muss an den Lebenschancen von Alten und Jungen neu ausgerichtet werden" (ebd.).

Auffällig ist im Grundsatzprogramm der FDP, dass *Solidarität* als Freiheit begrenzende und Freiheit ermöglichende Idee verwendet wird. Die Reichweite von *Solidarität* ist partikular auf den nationalen Raum begrenzt, ihre Motivationsquelle liegt intrinsisch in jeder einzelnen Person. *Solidarität* führt über soziale Sicherungssysteme und Familie (Mesoebene) und der gegenseitigen Achtung der Bürger*innen (Mikroebene) zu unterschiedlichen Formen der Vergemeinschaftung von Individuen.

5.1.6 Alternative für Deutschland

Im Grundsatzprogramm der AfD, das im Mai 2016 in Stuttgart beschlossen wurde, findet sich der Solidaritätsbegriff nicht (vgl. AFD 2016). Dies ist auffällig oder auch nicht. Allerdings soll über die Gründe dafür in dieser Arbeit nicht spekuliert werden. Die These, dass andere Vokabeln wie ‚Einheit', ‚Volk', ‚Gemeinschaft', ‚Nation' an Textstellen erscheinen, an denen man *Solidarität* erwarten könnte, müsste in einer eigenen Untersuchung geprüft werden.

5.1.7 Christlich-Soziale Union

Das Grundsatzprogramm der CSU wurde im November 2016 in München beschlossen. Der Begriff der Solidarität wird neun Mal verwendet und mit knapp 3.900 Zeichen und 530 Worten umschrieben (vgl. CSU 2016). In den Abschnitten über *Solidarität* finden sich folgende Substantive: Familie (7), Gemeinschaft (5), Sicherheit (4), Gesellschaft (3) und Verantwortung (3).

Der Solidaritätsbegriff innerhalb des CSU-Programms ist überwiegend durch die intrinsische Motivation gefärbt. Aus der Quelle der Eigenverantwortung, Menschenwürde und Freiheit erwachse *Solidarität*:

> *„Der Mensch ist als Individuum geboren und mit individuellen Rechten und Pflichten ausgestattet. Er braucht aber auch Gemeinschaft. Wir bekennen uns zu einer Ordnung, die dem Einzelnen ermöglicht, sich in Gemeinschaft zu entfalten. Unsere gesellschaftliche Werteordnung basiert*

auf den Leitwerten von Menschenwürde, Freiheit und Verantwortung. Aus ihnen erwachsen Subsidiarität und Solidarität, Recht und Gerechtigkeit sowie Verantwortung in der Einen Welt" (ebd., 5).

An dieser Textpassage wird bereits deutlich, dass dem Gemeinschaftsgedanken neben dem Wert der Eigenverantwortung und dem der staatlichen „Ordnung" (ebd., Titel) eine hohe Bedeutung zugeschrieben wird. Damit wird der Fokus auf eine horizontale Ausrichtung im Sinne der Gemeinschaft, aber auch eine vertikale Ausrichtung gelegt, weil *Solidarität* aus dem Zusammenwirken von Einzelperson und Staat entsteht:

> *„Solidarität ist die zwingende Ergänzung von Eigenverantwortung. [...] Auch derjenige, der trotz allem Bemühen nicht für sich sorgen kann, hat das Recht auf soziale Sicherheit und ein selbst bestimmtes Leben in Würde. Soziale Sicherheit ist eine solidarische Gemeinschaftsaufgabe von Bürgern und Staat. In der gelebten Solidarität in Familie, Nachbarschaft und Gesellschaft zeigt sich die Humanität einer Gesellschaft. Das ehrenamtliche und bürgerschaftliche Engagement hat einen unschätzbaren Wert, den es immer zu würdigen gilt"* (ebd., 6).

Wenn *Solidarität* stark an den Begriff der ‚Gemeinschaft' gekoppelt ist, stellt sich die Frage, inwieweit diese als begrenzt gedacht wird. Auch wenn in der Phrase von „der Einen Welt" und mit Begriffen wie „Gebot der Menschlichkeit" (ebd., 35) eine universalistische Idee von *Solidarität* zum Vorschein kommt[76], steht doch eine partikular-begrenzte Reichweite im Vordergrund:

> *„Wir bekennen uns zur deutschen Nation und zu unserer Staatsräson. Das deutsche Volk strebt nach einem Leben in Frieden, Freiheit und Wohlstand. Unsere Verpflichtung ist die Wahrung und Vertretung der Interessen des deutschen Volkes. Im Bewusstsein unserer Geschichte und in Ver-*

[76] „Wir setzen auf Gemeinwohl und Solidarität. Soziale Sicherheit ist ein Gebot der Menschlichkeit. Sie ist Fundament für inneren Frieden und Grundlage wirtschaftlicher Leistungskraft. Wer in Folge von Alter, Behinderung, Krankheit oder Arbeitslosigkeit nicht für sich selbst sorgen kann, muss auf die Solidarität aller vertrauen können. Daraus einen allumfassenden Versorgungsanspruch mit Vollkaskomentalität abzuleiten, ist mit uns nicht zu machen. Der Sozialstaat wäre falsch verstanden, wenn er bevormundet und eigene Leistung hemmt. Die Staatsquote ist auf ein vernünftiges Maß zu begrenzen" (CSU 2016, 18).

antwortung für die Weltgemeinschaft bekennen wir uns zur Bündnissolidarität, zur Westbindung, zur europäischen Einigung sowie zu den Zielen der Vereinten Nationen" (ebd., 35).

Der Solidaritätsbegriff im Grundsatzprogramm der CSU erhält seine dominante Tönung durch eine intrinsische, sowohl horizontale als auch vertikale Farbgebung sowie durch seine nationale und europäische Begrenzung (partikulare Reichweite) und ist auf allen drei Ebenen, der Mikro-, Meso- und Makroebene, verortet.

5.2 Berufsethik des DBSH e.V.

Die vierteljährlich erscheinende Zeitschrift „Forum Sozial", herausgegeben vom DBSH e.V., veröffentlichte 2014 die ‚Berufsethik des DBSH', auf die im Folgenden Bezug genommen wird. Diese soll unterschiedliche Funktionen erfüllen (vgl. DBSH E.V. 2014, 41), beispielsweise die „Orientierung der Profession in Bezug auf Menschenwürde, grundsätzliche (ethische) Haltungen und Arbeitsprinzipien" (ebd.) manifestieren. Zusätzlich wurde eine Sonderausgabe des „Forum Sozial" mit dem Thema „Solidarität in der Sozialen Arbeit" veröffentlicht. Diese ist in Folge der „Saarbrücker Erklärung" des DBSH e.V. entstanden, eines Positionspapiers des DBSH e.V. „Gegen die Fortsetzung der Spaltung der Gesellschaft" (DBSH E.V. 2010, 3).[77]

Der Solidaritätsbegriff wird in der Berufsethik 17 Mal verwendet und mit ca. 4.300 Zeichen und 540 Worten beschrieben. Bereits im Vorwort bildet sich durch die zweifache Nennung von *Solidarität* als einem ethischen Grundprinzip der Gesellschaft neben der Achtung von individueller ‚Autonomie' und sozialer ‚Gerechtigkeit' eine besondere Relevanz dieser Wertidee ab. Im Zusammenhang mit *Solidarität* tauchen folgende Substantive auf: Hilfe (5), Eingriffe (3), Entwicklung (3), Folge (3), Gemeinschaft (3), Gesellschaft (3) und Subsidiarität (3).

Der Mensch wird in der Berufsethik in soziobiologischer Perspektive als soziales Wesen verstanden (vgl. DBSH E.V. 2014, 20). Diese elementare Einsicht stellt die Basis für die Tätigkeit der Sozialen Arbeit dar (vgl. ebd.). Danach ist

[77] In dieser Sonderausgabe kommen verschiedene Sozialarbeiter*innen (Leinenbach, Michael; Seithe, Mechthilde; Slawinski, Sabrina; Maus, Friedrich; Dahme, Hans-Jürgen; Wohlfahrt, Norbert; Herrman, Peter; Schumacher, Thomas; Zinser, Tobias; Bettinger, Frank; Müller, Carsten; Häcker, Walter; Hosemann, Wilfried) zu Wort und explizieren in Teilen ihr Verständnis von *Solidarität* in der Sozialen Arbeit. Es werden unterschiedliche Zugänge gewählt. Einige Beiträge beziehen den Begriff auf diverse methodische Ansätze in der Sozialen Arbeit, wie beispielsweise das Community Organizing, die Sozialraumorientierung oder den Social Quality Approach Ansatz. Andere stellen einen Bezug zwischen den eigenen biographischen Erfahrungen, Streikerfahrungen oder der Interessensvertretung durch den Berufsverband und der ‚Solidarität' her. Wieder andere thematisieren den Einfluss des Neoliberalismus und das Effizienzdenken auf die Soziale Arbeit und beschreiben Tendenzen der ‚Entsolidarisierung'.

der Mensch auf „soziale Beziehungen und Kommunikation“ (ebd.) angelegt, woraus sein soziales Angewiesensein und eine wechselseitige Bezugnahme untereinander resultieren. Darin ist – so die Berufsethik – die Haltung der Solidarität verankert (DBSH E.V. 2014, 25). *Solidarität* weise jedoch über ‚das Soziale‘ hinaus.

Im Kapitel „Haltungen als Kriterien einer Berufsethik Sozialer Arbeit“ werden verschiedene Definitionen von *Solidarität* nach Alfred Vierkandt, Irene von Reizenstein, Karl Otto Hondrich/Claudia Koch-Arzberger und Andreas Wildt aufgelistet und direkt – wenn auch teilweise nicht ganz korrekt – zitiert.[78] Wie sich die Haltung der Solidarität mit ihren unterschiedlichen Facetten in der Sozialen Arbeit ausgestaltet, ist jedoch – beispielsweise im Vergleich zur Haltung der Personalität – nicht beschrieben. Die verschiedenen, schlicht aneinandergereihten Nennungen stehen vor allem, so lässt sich erkennen, für unterschiedliche Färbungen der Ausrichtung, weniger der Reichweite oder der Quelle von *Solidarität*. Wie bereits gesehen, kann das Verhältnis zwischen Menschen gegensätzlich bestimmt werden: Die einen betonen die ‚Gleichheit‘ der Menschen, wie beispielsweise Leroux (Kap. 1.3) oder die Partei DIE LINKE (Kap. 5.1.4), andere heben die ‚Ungleichheit’ von Menschen hervor, wie beispielsweise von Stein (Kap. 2.2), Schmoller, Lassalle oder die Sozialdemokratische Partei (Kap. 5.1.2),[79] wodurch sich die Ausrichtung von *Solidarität* verändert. Mit der Idee

---

[78] In der Zitation der soziologischen Definition von Alfred Vierkandt, demzufolge *Solidarität* „stets“ durch Druck von außen (extrinsisch) hervorgerufen werde, werden die kursiv gesetzten Vokabeln ignoriert. Korrekt lautet die Definition: „1. S. bedeutet stets einen *Zustand, in dem eine Vielheit sich als eine Einheit verhält*. 2. Dieses Verhalten hat einen *praktischen Sinn*; es ist stets erregt durch störende Eingriffe aus der äußeren Welt. 3. Sein Sinn ist eine *Abwehr* solcher Störungen, Eingriffe oder Angriffe. 4. Zugrunde liegt dem solidarischen Verhalten (mit Ausnahme des dritten Falles) eine Gesinnung der Gemeinschaft. Gemeinschaft bedeutet dabei nicht einen Zusammenschluß zu einem praktischen Zweck, keine Interessenvereinigung, sondern einen inneren Zusammenschluß, einen Zustand innerer Verbundenheit“ (VIERKANDT 1972, 704); dazu ausführlich: „Die gegenseitige Hilfsbereitschaft“ in VIERKANDT (1928, 370ff).

[79] Von einer Ungleichheit (der Lebenslagen) geht auch WILDT (1995) aus, der mit *Solidarität* die Verpflichtung meint, „Menschen, deren Lage man nicht teilt, dennoch bei der Verwirkli-

der Gleichheit kann im Solidaritätsbegriff eine horizontale Ausrichtung mit partikularer Reichweite und „innerer Verbundenheit“ (VIERKANDT 1972, 704) entstehen,[80] mit der Idee der Ungleichheit eine vertikale Ausrichtung komplementärer ‚Abhängigkeit‘ und extrinsischer Quelle wie beispielsweise bei Comte oder Durkheim einhergehen (Kap. 1.5 und 1.6; vgl. auch ZOLL 2000, 16f).[81]

In der Berufsethik für die Soziale Arbeit des DBSH e.V. kann für den Solidaritätsbegriff kaum eine eindeutige Farbgebung herausgearbeitet werden, im Rückgriff auf Rainer ZOLL (2000, bes. 13ff) wird ein Sammelsurium an Definitionen aufgelistet, ohne diese systematisch auf die Soziale Arbeit zu beziehen. Es wird somit auf ein Werk zurückgegriffen, das von einem Soziologen mit dem Forschungsschwerpunkt Gewerkschaftssoziologie geschrieben wurde, der wiederum auf andere Soziolog*innen und Philosoph*innen verweist. Es stellt sich die Frage, warum an dieser Stelle – in einer Berufsethik für die Soziale Arbeit – keine für die Sozialarbeitswissenschaft renommierte Fachautorität herangezogen wird, liegt doch ein von Hans Thiersch konzipierter Solidaritätsbegriff bereit, der komplex genug ist, um das gesamte in vorliegender Arbeit entworfene Farbspektrum abzudecken.

---

chung derselben Chancen, Rechte und Ziele zu unterstützen, die man selbst genießt bzw. als wertvoll erachtet“. Auch Hondrich/Koch-Arzberger definieren *Solidarität* „als ein Gefühl der Zusammengehörigkeit zwischen Personen, die, trotz Differenzen, ihre Interessenlage und Ziele als gleich verstehen, aber ungleich beeinträchtigt sehen, woraus der Anspruch bzw. die freiwillige Verpflichtung einseitiger Unterstützung erwächst, gekoppelt mit dem Anspruch bzw. der Verpflichtung zu Unterstützung von der anderen Seite, sofern die Situation sich verkehrt“ (HONDRICH, KOCH-ARZBERGER 1992, 14). S. hierzu auch die Kritik von TRANOW (2012, bes. 19ff), der einen akteur- und einen strukturbezogenen Solidaritätsbegriff entwickelt, den er um den Begriff der „Solidarnormen“ (ebd., 30) herum aufbaut.

[80] So auch in der Definition von REITZENSTEIN (1961, 11), die *Solidarität* als ein „gemeinsames soziales Handeln“ definiert, „bei dem eine Vielzahl von Menschen aus einer ihnen gleichen und gemeinsamen sozialen Lebenslage heraus und um gemeinsamer und gleicher Ziele willen, einem ‚sozialen Gegenpart‘ gegenüber füreinander einsteht“.

[81] Inwieweit die horizontale Form eher einer intrinsischen Quelle entspringt und die vertikale einer extrinsischen, inwieweit Korrelationen zwischen den Dimensionen bestehen, könnte in einer weiteren Untersuchung nach bestimmten methodischen Maßstäben in den Blick genommen werden.

5.3 Solidarität in der Sozialen Arbeit nach Thiersch

Solidarität zeigt unterschiedliche Farben. Die entworfene Farbpalette (Systematisierung) bietet die Möglichkeit zur Reflexion, wie die einzelnen Grundfarben im Lichteinfall der Sozialen Arbeit zu einer brillanten ‚Solidaritäts-Farbsynthese' gemischt werden können. Und es ist auch nicht als Nachteil oder Defizit zu sehen, dass der Solidaritätsbegriff in politischen Parteien ganz unterschiedlich gefärbt ist. Entscheidend ist jedoch, dass Soziale Arbeit das gesamte Farbspektrum der *Solidarität* kennt, um sich ihre jeweiligen politischen Bündnispartner zu suchen – gleichwohl wissend, wo sie sie nicht findet. Dafür ist es wichtig, nicht den Blick allein auf die Personen zu richten, die vordergründig und akut von sozialen Problemen betroffen sind, sondern alle gesellschaftlichen Akteure in die Verantwortung zu nehmen. Denn *Solidarität* postuliert, dass das „Glücksversprechen […] eher in der Gemeinsamkeit als in der Einsamkeit zu realisieren ist" (THIERSCH 2009, 103).

Sachlicher führt Hans Thiersch[82] im Kapitel „Die Solidarität des Sozialen Staates" seines Buches „Schwierige Balance" sein Verständnis von *Solidarität* aus, bevor er die Notwendigkeit einer solchen gesellschaftlichen Solidarität postuliert. *Solidarität* bringt Thiersch zufolge zum Ausdruck, wie „die Autonomie des Individuums als Selbstbestimmung ‚unter dem stummen Zwang der Verhältnisse' […] mit nötigen Abstimmungen zwischen den Menschen zu vermitteln ist" (THIERSCH 2009, 92). Er definiert *Solidarität* als

> *„eine Beziehungsform, die Verbindungen und Verbindlichkeiten zwischen Individuen ermöglicht, die über die institutionalisierten Formen von Tausch und Vertrag hinausgehen. Sie ermöglicht die Vermittlung gleicher oder ähnlicher Interessen und Bedürfnisse. Sie ist eine Beziehungs- und Assoziationsform, die Verletzung der Menschenrechte, sei es Gerechtig-*

[82] Hans Thiersch: 1935 geboren, ab 1970 Professor für Erziehungswissenschaft und Sozialpädagogik an der Universität Tübingen, seit 2002 emeritiert (vgl. THIERSCH 2018), „wird in Theorie und Praxis Sozialer Arbeit zuvorderst mit seinem Ansatz der Alltags- und Lebensweltorientierung identifiziert" (BENZ et al. 2013, 15).

> *keit oder Freiheit, nicht nur artikuliert, sondern Widerstand entstehen lässt. Solidarität zielt – verallgemeinert geredet – auf wechselseitige Hilfe und Unterstützung*“ (ebd., 92).

Thiersch grenzt die Hilfe im Sinne von *Solidarität* von der Hilfe in Form von Almosen ab und sieht den Beginn von ‚Hilfe‘, die sich an den Maximen Gerechtigkeit und *Solidarität* orientiert, im 18. Jahrhundert. Ihm zufolge entwickelten sich in den darauffolgenden Jahrhunderten zum einen Strukturen, die auf unmittelbare Hilfe und Gruppen in gemeinsamen Schwierigkeiten zielten, zum anderen gestaltete sich eine sozialstaatlich geprägte Hilfe aus, die auf rechtlichen Ansprüchen basierte und in institutionell und professionell strukturierten Programmen geleistet wurde. Durch die Verstaatlichung von Hilfe sei *Solidarität* „indirekt und abstrakt“ geworden (ebd., 96). Gesellschaftlich erzeugte Probleme würden seither weniger als Aufgabe der „Gesellschaft im Ganzen“ verstanden und angegangen (ebd., 97). Die ausdifferenzierte Gesellschaft und die Dominanz des kapitalistischen Markts verdrängten die Gemeinschaftlichkeit für das Eigeninteresse trotz Zunahme von Not, Armut und Ausschluss.

Abbildung 2: Systematisierung von Thierschs Solidaritätsbegriff

Versucht man, die Systematik der *Solidarität*, wie Thiersch sie für die Soziale Arbeit begreift, darüberzulegen, wird deutlich, dass alle Dimensionen mitgedacht sind.

Solidarität als Beziehungsform zeigt sich in horizontalen „Verbindungen" und vertikalen „Verbindlichkeiten", die im Unterschied zu Verbindungen durch Verpflichtung und Verantwortung geprägt sind. Die „Autonomie" des Menschen (Selbstbestimmung, Selbstverantwortung, Selbstverwirklichung) muss mit dem „stummen Zwang der Verhältnisse" (Gesellschaft, Rechtsstaat, Normen, Werte, Gemeinschaften, Zugehörigkeiten, aber auch Herausforderungen wie Globalisierung und Krieg) austariert werden. Die Beziehungsform *Solidarität* ermöglicht durch dieses Spannungsfeld von Selbstbestimmung und den sozialen Verhältnissen eine Aushandlung der Bedürfnisse und Interessen mit anderen (auf der Interaktionsebene = Mikroebene), hat sich doch heute, wie sich mit Rauschenbach ergänzen lässt,

> *„Normalität [...] vervielfältigt – und zwar so lange, bis sie sich als Orientierungsmaßstab, an den man sich ebenso anlehnen wie dezidiert davon absetzen kann, von selbst auflöst: Die ganz alltägliche Lebensbewältigung und die ganz gewöhnliche Lebensführung wird so zu einer selbst zu lösenden Herausforderung, zu einer selbst zu bewältigenden Lebensaufgabe und zu einer ungewißheitsbelasteten, riskanten sozialen Aufgabe"* (RAUSCHENBACH 1994, 91).

Auf der Mikroebene muss sich die Soziale Arbeit Wissen über Wirkungen und Folgen psychosozialer Belastungen[83] aneignen, denn das leitende Motto der Zeit besteht wohl darin, zu sein wie jede*r ander*r und zu sein wie kein*e andere*r , aufgrund von unbegrenzt erscheinenden Möglichkeiten (vgl. ebd., 92).

Um der steten Individualisierung entgegen zu treten, könnte Soziale Arbeit die Formierung von Gruppen im Sinne der Vereinigung oder Vergemeinschaftung

---

[83] Eine Erklärung für die Entstehung psychosozialer Belastungen bietet STAUB-BERNASCONI (2018, 212).

auf der Mesoebene unterstützen und „inszenieren“ (ebd., 84). Selbstorganisation, gemeinsame Betroffenheit, Freiwilligkeit und hohes Sozialengagement innerhalb der Gruppe, sind Merkmale der ‚Hilfe zur Selbsthilfe‘. Diese Form von *Solidarität* ist das entscheidende Bindeglied zwischen der Mikro- und Makroebene.

„Organisierte“ (THIERSCH 2009, 97) *Solidarität* auf der Mesoebene bezieht sich auf die „rechtlichen Ansprüche“ des (Sozial-)Staats. Auf der Makroebene sind neben den auf den nationalen Gesetzen beruhenden sozialpolitischen Interventionen für die Soziale Arbeit vor allem die Menschenrechte mit einer „moralisch begründbare(n), […] juridisch und politisch profilierte(n) Konzeption“ von Bedeutung (LOHMANN 2013, 21; vgl. auch KREIDE 2013, 80ff).[84] Sie verhelfen dazu, Unrechtserfahrungen zu erkennen und zu skandalisieren, Kritik an politischen Prozessen zu üben, die Demütigungen, Missachtungen und Menschenrechtsverletzungen im öffentlichen Raum hinnehmen, Ansprüche auf eine gerechte und politische Ordnung zu stellen und Institutionen, „die den Zugang zur Nutzung menschenrechtlicher Ressourcen verletzen“, in die Pflicht zu nehmen (KREIDE 2013, 90ff), und dies nicht nur auf nationaler, sondern auch auf internationaler und transnationaler Ebene. *Solidarität* öffnet den Blick auf die Lebenslagen von Unterdrückten und Ausgebeuteten, weil Menschenrechte „auf eine ideale, noch nicht realisierte Praxis“ (ebd., 89) verweisen. Durch den Bezug auf die Menschenrechte denkt Soziale Arbeit über die faktisch begrenzten, zielgruppenspezifisch und somit

[84] Die Menschenrechtsorientierung ist in der Sozialen Arbeit „in ihrer internationalen Definition, ihrem internationalen Ethikkodex und den nationalen Kodizes sowie den Globalen Akkreditierungsstandards für Ausbildung und Praxis festgehalten und als verbindlich erklärt“ (STAUB-BERNASCONI 08.05.2012). Auch zeigt zum Beispiel der Masterstudiengang „Soziale Arbeit als Menschenrechtsprofession“ in Berlin die Relevanz der Menschenrechte für die Soziale Arbeit (STAUB-BERNASCONI 2008). Es wird versucht, einen „weltweiten Bewusstseinsbildungsprozess über ökologische Probleme auch über soziale Probleme in Gang“ (STAUB-BERNASCONI 1995, 6) zu setzen und die Menschenrechte fest in der Lehre der Sozialen Arbeit zu verankern (ebd., 10).

partikular eingesetzten Ressourcen hinaus und hin auf die universale *Solidarität*, die im Zug der der Globalisierung zur großen Herausforderung wird.

Die Reichweite von *Solidarität* als Beziehungsform hängt davon ab, inwieweit diese die verschiedenen Dimensionen durchdringt und sich ein „Netz von Solidaritäten [...] als weit gespanntes, im Einzelnen unterschiedliches, ja gegensätzlich organisiertes Netz" (THIERSCH 2009, 104) ausbreitet. Rein ökonomisch und rechtlich ausgerichtete Beziehungen aus „Tausch und Vertrag" und die Auslagerung von *Solidarität* an Spezialisten, „deren Berufskonzept auf das Prinzip von Solidarität verpflichtet ist", führt nach Thiersch „zur Delegation an die Fachlichkeit und damit zur Entleerung des gesellschaftlichen Prinzips *Solidarität*" (ebd., 96f). Diesem einseitigen ‚Outsourcing' von *Solidarität* kann entgegengewirkt werden, indem ehrenamtliches bzw. bürgerschaftliches Engagement und soziale Bewegungen gewürdigt, unterstützt und gefördert werden (vgl. ebd.), die Felder gegenseitiger Hilfe erschließen (vgl. BECHER, PANKOKE 1981). So kann sich Soziale Arbeit auch als umfassende „Solidaritätsstifter[in; EE]" (DEUTSCHER CARITASVERBAND E.V. 2017, 28) auszeichnen. In der Frage, inwieweit durch Professionalisierung von Hilfe, finanziert durch Spenden und hohe Steuerabgaben und unterstützt durch Individualisierungstendenzen, Menschen daran gehindert werden, sich über die Selbstsorge hinaus für das Ganze zu engagieren, liegt die politische Herausforderung, zwischen organisierter (extrinsischer, vertikaler und partikularer) und bürgergesellschaftlicher (intrinsischer, horizontaler, partikularer) *Solidarität* zu balancieren. Das Streben nach universaler *Solidarität*, der sich die Soziale Arbeit als Menschenrechtsprofession verpflichtet weiß, bleibt ein ‚Stachel im Fleisch' – für sie selbst und für andere.

6. Rückblick und Ausblick auf Solidarität in Zeiten von Corona

Die vorliegende Arbeit hatte zum Ziel, ein differenziertes Verständnis eines zentralen Wertbegriffs für die Soziale Arbeit und Sozialpolitik zu entwickeln: *Solidarität.* Die enorme Vielschichtigkeit, auch Widersprüchlichkeit seiner Verwendung irritierte die Verfasserin der vorliegenden Arbeit und forderte sie heraus, ihn zu systematisieren. Dabei wurde notwendig, verschiedene Dimensionen von *Solidarität* durch einen vertieften Einstieg in die deutsche und die französische Begriffsgeschichte zu erschließen. Denn der Ursprung des Solidaritätsbegriffs liegt in Frankreich. Die Auswahl der Texte ist notwendigerweise selektiv, und so sind sicherlich Lücken verblieben, die in einer weiteren Arbeit geschlossen werden könnten.

Fasziniert von den vielfältigen Verwendungsweisen des Solidaritätsbegriffs in Frankreich und Deutschland konnte eine Systematik entwickelt werden, die dann als Instrument für die Analyse gegenwärtiger Solidaritätsverständnisse diente. So ließen sich die vielen, zu Beginn bloß willkürlich erscheinenden Konzeptionen von *Solidarität* in ein mehrdimensionales System einfügen.

Damit gelang es schließlich, die Grundsatzprogramme aller politischen Parteien des Deutschen Bundestags auf ihr Verständnis von *Solidarität* hin zu durchleuchten und ihre jeweils unterschiedlichen Färbungen zu bestimmen, sofern sie überhaupt den Solidaritätsbegriff nutzen. Im Vergleich wurde seine Verwendung in der Berufsethik des DBSH e.V. mit Hilfe der gewonnenen Systematik gesichtet und das umfassende Solidaritätsverständnis von Thiersch mit dem Gegenstandsbereich und der Funktion der Sozialen Arbeit verknüpft. Dieses analytische Schema könnte zukünftig ein Instrument sein, um Texte anderer politischer Akteur*innen, die den Solidaritätsbegriff verwenden, auf seine Färbung hin ‚abzuklopfen'. Zu denken ist dabei zum Beispiel an einschlägige Positionspapiere der sechs Spitzenverbände der Freien Wohlfahrtspflege oder andere NGO und NPO der Zivilgesellschaft.

Zum Zeitpunkt der Fertigstellung der vorliegenden Studie – Februar 2019 – war nicht absehbar, dass ein gesellschaftlich einschneidendes Ereignis wie die Masseninfektion mit einem vorher unbekannten Virus und seine transnationale Ausbreitung zu einem weltweiten ‚Lockdown' führen würde. Die Corona-Pandemie nimmt gegenwärtig eine krisenhafte Dynamik an, da alle Bereiche gesellschaftlichen Lebens betroffen sind und sich die Funktionssysteme neu aufeinander ausrichten müssen (vgl. STICHWEH 2020). Dass hierbei dem gesellschaftspolitischen Begriff der *Solidarität* mehr Aufmerksamkeit zukommt und er in öffentlichen Diskursen allgegenwärtig erscheint, verwundert nicht, wenn man den Ursprung des Solidaritätsbegriffs beachtet; denn: Als postrevolutionärer Begriff wurde *Solidarität* im 18. und 19. Jahrhundert zu einer Leitidee auf der Suche nach sozialen Gewissheiten in einer epochalen gesellschaftlichen Krise (Kap. 1).

Wenn in der Corona-Krise zum Beispiel die Bundeskanzlerin an das „solidarische Handeln" appelliert (MERKEL 2020), Papst Franziskus in seiner Osterbotschaft an den europäischen „Geist der Solidarität" nach dem Zweiten Weltkrieg erinnert (PAPST FRANZISKUS 2020), der Deutsche Ethikrat die „Solidaritätsressourcen" im Land für immens einschätzt (DEUTSCHER ETHIKRAT 2020), ein Referent der Nato die Notwendigkeit beschreibt, „Solidarität befreundeter und verbündeter Staaten" neu zu organisieren (RÜHLE 2020), die WHO eine Medikamenten-Studie mit dem Titel „Solidarity" auf den Weg bringt (BMBF 2020), der Städel-Direktor von großer Solidarität zwischen den „Museumsleute[n]" spricht (DEMANDT 2020) oder auch ein Profi-Fußballspieler die Quarantäne-Auflagen der Bundesliga mit „Solidarität" verbindet (PETERSEN 2020), wird die Omnipräsenz des Begriffs anschaulich.[85] Gleichzeitig entsteht wieder ein vielfarbiges, gar buntes Bild, was es mithilfe der erarbeitenden Lesehilfe zu entwirren gilt.

Papst Franziskus zum Beispiel kontrastiert den Solidaritätsbegriff mit Egoismus: „Diese Zeit erlaubt keinen Egoismus", so der Papst, „denn die Herausforderung, vor der wir stehen, ist uns allen gemeinsam und macht keine Unterschiede" (PAPST FRANZISKUS 2020). Er wählt den Kontinent Europa als Beispiel für *Solidarität*, dem es nach dem Zweiten Weltkrieg gelungen ist, „Rivalitäten der Vergangenheit zu überwinden" (ebd.). An diesen „Geist der Solidarität" will Papst Franziskus erinnern (ebd.). Er bezieht den Solidaritätsbegriff zum einen auf eine begrenzte Staatengemeinschaft wie die Europäische Union (Makroebene), zum anderen meint er gleichzeitig konkret die Einzelpersonen, wenn er fordert, „dass sich alle als Teil einer Familie erkennen und sich gegenseitig unterstützen" (ebd.). An dieser Stelle erhält der Solidaritätsbegriff eine universale und horizontale Färbung, der sich, von der Mikroebene ausgehend, auch auf weitere Ebenen beziehen kann. Letztendlich besteht die Quelle von *Solidarität* extrinsisch in der „epochalen Herausforderung" (ebd.), aber auch intrinsisch, wenn *Solidarität* im Unterschied zum Egoismus als individuelle Haltung verstanden wird.

Michael Rühle schreibt in der FAZ vom 18.04.2020, dass die Corona-Pandemie, auf die niemand vorbereitet gewesen sei, nur einen Trend beschleunigt habe, der seit langem absehbar gewesen wäre, nämlich „die Entwicklung zu einem neuen Gesellschaftsvertrag, der das Verhältnis des Staates und seiner Bürger, aber auch die der Staaten untereinander, in Sicherheitsfragen neu austariert" (RÜHLE 2020). Ausschließlich seine eigene Meinung wiedergebend, postuliert der Nato-Referatsleiter als einen der Eckpunkte eines solchen Gesellschaftsvertrags: „Solidarität zwischen befreundeten oder verbündeten Staaten muss neu organisiert

[85] Die Auswahl der Aufsätze und Zeitungsartikel erfolgte situativ, spontan, unsystematisch, selektiv und ließe sich beliebig erweitern.

werden“, denn es spreche nichts dagegen, die „Zusammenarbeit [von Nato und EU] stärker auf nichtmilitärische Bedrohungen auszudehnen“ (ebd.). Rühle verwendet folglich einen partikular, horizontal wie extrinsisch gefärbten Solidaritätsbegriff, der sich auf die Makroebene bezieht.

Das folgende Zitat siedelt *Solidarität* dagegen auf der Mikroebene an. Es ist einer „ad-hoc-Empfehlung“ des Deutschen Ethikrats („Solidarität und Verantwortung in der Corona-Krise“) vom 27.03.2020 entnommen:

> *„Gerade in diesen Tagen der Krise zeigt sich, wie groß die Solidaritätsressourcen in unserem Lande sind. Solidarität bedeutet die Bereitschaft zu prosozialen Handlungen auf der Grundlage relevanter Gemeinsamkeit, die der solidarbereiten Person etwas abverlangen. Sie besteht weder automatisch noch unbegrenzt. […] Solidarität hängt von verschiedenen Faktoren ab: Es muss ein Grundgefühl von Zusammengehörigkeit oder wenigstens gemeinsamer Betroffenheit in einer Gefährdungssituation bestehen. Es müssen den Solidarbereiten ausreichende materielle oder immaterielle Mittel zur Verfügung stehen, ihren Wunsch zur Hilfe auch in die Tat umzusetzen. Die solidarisch handelnden Personen müssen unter Umständen sogar bereit sein, in zumutbaren Grenzen sich selbst zu gefährden“* (Deutscher Ethikrat 2020).

In ihm ist eindeutig eine intrinsische Quelle für die eher partikulare und horizontale Ausrichtung von *Solidarität* angesprochen. Zugleich deutet der Abschnitt die Komplexität solidarischen Handelns im Blick auf die begünstigenden Bedingungen einerseits und die Risiken der Praxis von *Solidarität* andererseits an. Sie könne zum Verzicht, ja auch zu einer altruistischen Gefährdung eigener Lebenschancen führen. Damit wird eine begriffliche Grenze hin zu einer weiteren Wertidee (Altruismus) berührt, mit deren Einfärbung wohl nicht alle Solidaritätstheoretiker*innen einverstanden sind (s. zum Beispiel Neckel 2020).

Auch der Direktor des Frankfurter Städelmuseums, Philipp Demandt, antwortet auf die Frage, wie er die durch Corona ausgelöste „Stimmung in den deutschen Museen“ erlebe, mit *Solidarität*: „Der Austausch ist gut, die Solidarität untereinander groß. Wir Museumsleute sitzen schließlich alle im selben Boot" (DEMANDT 2020). Dieses Solidaritätsverständnis ist wohl eher extrinsisch (durch die Auswirkung der Corona-Pandemie) motiviert, partikular auf die Museumslandschaft begrenzt und auf der Meso-Ebene platziert.

Wenn man ein ‚Corona-ABC' zusammenstellt, fallen einem auf die Schnelle viele Begriffe ein, die den Corona-Diskurs bestimmen: A – Abstand, B – Beatmungsgeräte, C – Corona, D – Digitalisierungsschub, E – Einsamkeit ... K – Klopapier, L – Lockdown, M – Maske. Nach R – Reproduktionszahl beim Buchstaben S angelangt, konkurriert ‚Solidarität' mit ‚Social Distancing'. Dass der Corona-Diskurs genau diese eher konträren Begrifflichkeiten in ein Zueinander, Miteinander und Füreinander bringt, führt uns die einmalige Konstellation und Kontextgebundenheit der Semantik von Begriffen vor Augen – wohl nicht nur von *Solidarität*.

7. Literatur

AFD (2016): Programm für Deutschland. Das Grundsatzprogramm der Alternative für Deutschland. https://cdn.afd.tools/wp-content/uploads/sites/111/2018/01/Programm_AfD_Druck_Online_190118.pdf (Zugriff am 15.01.2019).

AMENGUAL, G. (1994): Zu einer begrifflichen Bestimmung von Solidarität. In: Hünermann, P., Fraling, B., Hoping, H. u. Scannone, J. C. (Hrsg.): Kirche und Theologie in kulturellen Dialog. Für Peter Hünermann. Freiburg im Breisgau, S. 237–254.

ANZENBACHER, A. (1997): Christliche Sozialethik. Einführung und Prinzipien. Paderborn.

BALLANCHE, P.-S. (1818): Essai sur les institutions sociales. Paris.

BASTIAT, F. (1851): Harmonie économiques. Deuxième édition, augmentée des manuscrits laissés par l'auteur. Paris.

BAURMANN, M. (1999): Durkheims individualistische Theorie der sozialen Arbeitsteilung. In: Friedrichs, J. u. Jagodzinski, W. (Hrsg.): Soziale Integration. Sonderheft. Wiesbaden, S. 85–114.

BAYERTZ, K. (1998a): Begriff und Problem der Solidarität. In: Bayertz, K. (Hrsg.): Solidarität. Begriff und Problem. Frankfurt am Main, S. 11–53.

BAYERTZ, K. (Hrsg.) (1998b): Solidarität. Begriff und Problem. Frankfurt am Main.

BECHER, B. u. E. PANKOKE (1981): Sozialadministration und selbstaktive Felder. In: Archiv für Wissenschaft und Praxis der sozialen Arbeit 12, S. 219–239.

BÉNICHOU, P. (1977): Le temps des prophètes. Doctrines à l'âge romantique. Paris.

BENZ, B. (2013): Politische Interessenvertretung in der Sozialen Arbeit. In: Benz, B., Rieger, G., Schönig, W. u. Többe-Schukalla, M. (Hrsg.): Politik Sozialer Arbeit. Band 1: Grundlagen, theoretische Perspektiven und Diskurse. Weinheim, S. 70–84.

BENZ, B., RIEGER, G., SCHÖNIG, W. u. TÖBBE-SCHUKALLA, M. (2013): Einleitung. Die Politik Sozialer Arbeit - Umrisse, Gegenstände und Positionen. In: Benz, B., Rieger, G., Schönig, W. u. Többe-Schukalla, M. (Hrsg.): Politik

Sozialer Arbeit. Band 1: Grundlagen, theoretische Perspektiven und Diskurse. Weinheim, S. 8–29.

BLUME, D. (2014): Karl Marx. https://www.dhm.de/lemo/biografie/biografie-karl-marx.html (Zugriff am 13.02.2019).

BÖHMERT, V. (2006): Thesen über den Beruf der Kirche in der sozialen Frage. In: Henning, H. u. Tennstedt, F. (Hrsg.): Von der Reichsgründungszeit bis zur Kaiserlichen Sozialbotschaft (1867-1881). Grundfragen der Sozialpolitik in der öffentlichen Diskussion. Kirchen, Parteien, Vereine und Verbände. Mainz, S. 478–479.

BORCHARDT, K. (2007): Schmoller, Gustav Friedrich von. https://www.deutsche-biographie.de/sfz74741.html (Zugriff am 13.02.2019).

BOUGLÉ, C. (Hrsg.) (1925): Qu'est-ce que la sociologie? Paris.

BRUGGER, W. (2007): Von Feindschaft über Anerkennung zur Identifikation. Staat-Kirche-Modelle und ihr Verhältnis zur Religionsfreiheit. In: Joas, H. u. Wiegandt, K. (Hrsg.): Säkularisierung und die Weltreligionen. Frankfurt a.M., S. 253–283.

BMBF (2020): Karliczek: Neue WHO-Studie Solidarity vernetzt weltweite Forschung gegen Corona. Pressemitteilung vom 09.04.2020, Nr. 044/2020. https://www.bmbf.de/files/2020-04-09_044%20PM%20WHO-Studie.pdf (Zugriff am 08.05.2020).

BUNDESZENTRALE FÜR POLITISCHE BILDUNG (2016): Duden Wirtschaft von A bis Z. Grundlagenwissen für Schule und Studium, Beruf und Alltag. http://www.bpb.de/nachschlagen/lexika/lexikon-der-wirtschaft/19999/laissez-faire (Zugriff am 11.02.2019).

CDU (2007): Freiheit und Sicherheit. Grundsätze für Deutschland. Das Grundsatzprogramm. https://www.cdu.de/system/tdf/media/dokumente/071203-beschluss-grundsatzprogramm-6-navigierbar_1.pdf?file=1&type=field_collection_item&id=1918 (Zugriff am 15.01.2019).

COMTE, A. (1891): Katechismus der Positiven Religion (1852, 1859). Nach der zweiten Ausgabe des Originals übersetzt von E. Roschlau. Leipzig.

COMTE, A. (1923): Soziologie. Der Dogmatische Teil der Sozialphilosophie. Aus dem französischen Original ins Deutsche übertragen von Valentine Dorn. Jena.

COMTE, A. (1972): Das Drei-Stadien-Gesetz. In: Dreitzel, H. P. (Hrsg.): Sozialer Wandel. Zivilisation und Fortschritt als Kategorie der soziologischen Theorie. Neuwied, Berlin, S. 111–121.

CSU (2016): Die Ordnung. Grundsatzprogramm der Christlich-Sozialen Union. http://csu-grundsatzprogramm.de/wp-content/uploads/CSU-Grundsatz programm-ES.pdf (Zugriff am 15.01.2019).

DALLINGER, U. (2009): Die Solidarität der modernen Gesellschaft. Der Diskurs um rationale oder normative Ordnung in Sozialtheorie und Soziologie des Wohlfahrtsstaats. Wiesbaden.

DBSH E.V. (2010): Solidarität in der Sozialen Arbeit. Sonderausgabe. In: FORUM sozial, H. 4.

DBSH E.V. (2014): Berufsethik des DBSH. Ethik und Werte. In: FORUM sozial, H. 4.

DEMANDT, P. (2020): Im Interview mit Gropp, R.-M. und Trinks, S.: Solidarität unserer Unterstützer ist groß. In: Frankfurter Allgemeine Zeitung vom 11.04.2020, S. 13.

DERPMANN, S. (2013): Gründe der Solidarität. Münster.

DEUTSCHER CARITASVERBAND E.V. (2017): Gesellschaftlichen Zusammenhalt in Deutschland erhalten und Fördern. Hintergrundpapier der Kommission Sozialpolitik und Gesellschaft der Delegiertenversammlung des Deutschen Caritasverbandes. https://www.caritas.de/cms/contents/caritas.de/medien/dokumente/kampagnen/zh-initiative/impulspapier-gesells/dcv-initiative_imp ulspapier_zusammenhalt_v2.pdf?d=a&f=pdf (Zugriff am 03.01.2019).

DEUTSCHER ETHIKRAT (2020): Solidarität und Verantwortung in der Corona-Krise. AD HOC EMPFEHLUNG vom 27.03.2020. https://www.ethikrat.org/fileadmin/Publikationen/Ad-hoc-Empfehlungen/deutsch/ad-hoc-empfeh lung-corona-krise.pdf (Zugriff am 10.05.2020).

DEUTSCH-KONSERVATIVE PARTEI (1876): Gründungsaufruf der Deutsch-Konservativen Partei. 7. Juni 1876. In: Henning, H. u. Tennstedt, F. (Hrsg.) (2006): Von der Reichsgründungszeit bis zur Kaiserlichen Sozialbotschaft (1867-1881). Grundfragen der Sozialpolitik in der öffentlichen Diskussion. Kirchen, Parteien, Vereine und Verbände. Mainz.

DIE GRÜNEN (2002): Die Zukunft ist Grün. Grundsatzprogramm von BÜNDNIS 90/DIE GRÜNEN. https://cms.gruene.de/uploads/documents/Grundsatzprogramm-2002.pdf (Zugriff am 15.01.2019).

DIE LINKE (2012): Programm der Partei DIE LINKE. https://www.die-linke.de/fileadmin/download/grundsatzdokumente/programm_formate/programm_der_partei_die_linke_erfurt2011.pdf (Zugriff am 15.01.2019).

DREITZEL, H. P. (Hrsg.) (1972): Sozialer Wandel. Zivilisation und Fortschritt als Kategorie der soziologischen Theorie. Neuwied, Berlin.

DURKHEIM, É. (1996): Über soziale Arbeitsteilung. Studie über die Organisation höherer Gesellschaften. Frankfurt am Main.

FDP (2012): Verantwortung für die Freiheit. Karlsruher Freiheitsthesen der FDP für eine offene Bürgergesellschaft. https://www.fdp.de/sites/default/files/uploads/2016/01/28/karlsruherfreiheitsthesen.pdf (Zugriff am 15.01.2019).

FIEGLE, T. (2003): Von der Solidarité zur Solidarität. Ein französisch-deutscher Begriffstransfer. Münster.

FUCHS-HEINRITZ, W. (1998): Auguste Comte. Einführung in Leben und Werk. Wiesbaden.

GABRIEL, K. (2017): Solidarität als konfessionell geprägte Wertsemantik des deutschen Wohlfahrtsstaats. In: Gabriel, K. u. Reuter, H.-R. (Hrsg.): Religion und Wohlfahrtsstaatlichkeit in Deutschland. Konfessionen - Semantiken - Diskurse. Tübingen, S. 331–361.

GABRIEL, K. (2018): Solidarität in heterogenen Gesellschaften. In: Sozialer Fortschritt 67, S. 45–59.

GÖBEL, A. u. PANKOKE, E. (1998): Grenzen der Solidarität. Solidaritätsformeln und Solidaritätsformen im Wandel. In: Bayertz, K. (Hrsg.): Solidarität. Begriff und Problem. Frankfurt am Main, S. 463–494.

GROßE KRACHT, H.-J. (2005): "...weil wir für alle verantwortlich sind" (Johannes Paul II.). Zur Begriffsgeschichte der Solidarität und ihrer Rezeption in der katholischen Sozialverkündigung. In: Krüggeler, M., Klein, S. u. Gabriel, K. (Hrsg.): Solidarität - ein christlicher Grundbegriff? Soziologische und theologische Perspektiven. Zürich.

GROẞE KRACHT, H.-J. (2017): Solidarität und Solidarismus. Postliberale Suchbewegungen zur normativen Selbstverständigung moderner Gesellschaften. Bielefeld.

GUÉRIN, D. (1977): Vorwort. In: Fourier, C., Guérin, D. u. Luckow, M. (Hrsg.): Aus der neuen Liebeswelt. Über die Freiheit in der Liebe. Berlin.

GUNDLACH, G. (1931): Solidarismus. In: Sacher, H. (Hrsg.): Staats-lexikon. Freiburg im Breisgau, S. 1614–1621.

HEITZER, H. (Hrsg.) (1991): Deutscher Katholizismus und Sozialpolitik bis zum Beginn der Weimarer Republik. Paderborn.

HENNING, H. u. TENNSTEDT, F. (Hrsg.) (2003): Von der Kaiserlichen Sozialbotschaft bis zu den Februarlassen Wilhelms II. (1881-1890). Grundfragen der Sozialpolitik. Die Diskussion der Arbeiterfrage auf Regierungsseite und in der Öffentlichkeit. Mainz.

HENNING, H. u. TENNSTEDT, F. (Hrsg.) (2006): Von der Reichsgründungszeit bis zur Kaiserlichen Sozialbotschaft (1867-1881). Grundfragen der Sozialpolitik in der öffentlichen Diskussion. Kirchen, Parteien, Vereine und Verbände. Mainz.

HERMES, O. (1879): Ansprache des preußischen Evangelischen Oberkirchenrats. 20. Februar 1879. In: Henning, H. u. Tennstedt, F. (Hrsg.) (2006): Von der Reichsgründungszeit bis zur Kaiserlichen Sozialbotschaft (1867-1881). Grundfragen der Sozialpolitik in der öffentlichen Diskussion. Kirchen, Parteien, Vereine und Verbände. Mainz, S. 581–584.

HERTLING, G. V. (1883): Über den Gesetzentwurf zur Krankenversicherung. 23. Mai 1883. In: Heitzer, H. (Hrsg.) (1991): Deutscher Katholizismus und Sozialpolitik bis zum Beginn der Weimarer Republik. Paderborn, S. 113–118.

HONDRICH, K. O. u. KOCH-ARZBERGER, C. (1992): Solidarität in der modernen Gesellschaft. Frankfurt am Main.

IHM, T. (22.11.2018): Die Zukunft der Solidarität: Was wird aus dem Sozialstaat? https://swrmediathek.de/player.htm?show=19cfe410-ee71-11e8-8ed2-005056a10824 (Zugriff am 20.01.2019).

KAISER WILHELM I. (1881): Allerhöchste Botschaft Kaiser Wilhelm I. zur Eröffnung der I. Session des 5. Richstags mit Bericht über die Eröffnung. 17. November 1881. In: Henning, H. u. Tennstedt, F. (Hrsg.) (2006): Von der Reichsgründungszeit bis zur Kaiserlichen Sozialbotschaft (1867-1881).

Grundfragen der Sozialpolitik in der öffentlichen Diskussion. Kirchen, Parteien, Vereine und Verbände. Mainz, S. 61–65.

KATHOLISCH-SOCIALES CENTRAL ORGAN (1880): Christlich-sociale Blätter. Der christliche Socialismus. Juli 1880. In: Henning, H. u. Tennstedt, F. (Hrsg.) (2006): Von der Reichsgründungszeit bis zur Kaiserlichen Sozialbotschaft (1867-1881). Grundfragen der Sozialpolitik in der öffentlichen Diskussion. Kirchen, Parteien, Vereine und Verbände. Mainz, S. 586–590.

KAUFMANN, F.-X. (2001): Der deutsche Sozialstaat im internationalen Vergleich. In: Bundesministerium für Arbeit und Sozialordnung u. Bundesarchiv (Hrsg.): Geschichte der Sozialpolitik in Deutschland seit 1945. Baden-Baden, S. 799–989.

KETTELER, W. E. VON (1869): Die Arbeiterbewegung und ihr Streben im Verhältnis zu Religion und Sittlichkeit. 25. Juli 1869. In: Henning, H. u. Tennstedt, F. (Hrsg.) (2006): Von der Reichsgründungszeit bis zur Kaiserlichen Sozialbotschaft (1867-1881). Grundfragen der Sozialpolitik in der öffentlichen Diskussion. Kirchen, Parteien, Vereine und Verbände. Mainz, S. 83–91.

KOSLOWSKI, S. (2013): Stein, Lorenz Jacob Wasmer Ritter von. https://www.deutsche-biographie.de/sfz81153.html (Zugriff am 13.02.2019).

KREIDE, R. (2013): Menschenrechte als Platzhalter. Eine politische Menschenrechtskonzeption zwischen Moral und Recht. In: Debus, T., Kreide, R. , Krennerich, M., Malowitz, K., Pollmann, A. u. Zwingel, S. (Hrsg.): Menschenrechte und Kritik. Schwalbach/Ts., S. 80–100.

KRUSE, V. (2008): Geschichte der Soziologie. Konstanz.

KUHN, B. (1988): Pierre Leroux. Sozialismus zwischen analytischer Gesellschaftskritik und sozialphilosophischer Synthese. ein Beitrag zur methodischen Erforschung des vormarxistischen Sozialismus. Frankfurt am Main, New York.

LASSALLE, F. (12.04.1862): Das Arbeiter-Programm. Über den besonderen Zusammenhang der gegenwärtigen Geschichtsperiode mit der Idee des Arbeiterstandes. https://www.marxists.org/deutsch/referenz/lassalle/1862/04/programm.htm (Zugriff am 20.12.2018).

LECHTAPE, H. (1931): Pesch. In: Sacher, H. (Hrsg.): Staatslexikon. Freiburg im Breisgau, S. 132–134.

LEROUX, P. (1840): De l'humanité. de son principe, et de son avenir ou se trouve exposée la vraie définition de la religion et ou l'on explique le sens, la suite, et l'enchaînement du mosaisme et du christianisme. Paris.

LEROUX, P. (1848): Lettres sur le fouriérisme. Boussac.

LESSENICH, S. (2018): Aufruf zur Demo am 22.07.2018: Solidarität statt Heimat! https://www.mut-bayern.de/2018/07/21/aufruf-zur-demo-am-22-07-2018-solidaritaet-statt-heimat/ (Zugriff am 16.11.2018).

LOHMANN, G. (2013): Werden die Menschenrechte überschätzt? Über Missbrauch, problematische Ausweitungen und Grenzen der Menschenrechte. In: Debus, T., Kreide, R., Krennerich, M., Malowitz, K., Pollmann, A. u. Zwingel, S. (Hrsg.): Menschenrechte und Kritik. Schwalbach/Ts., S. 9–23.

LÖSCHKE, J. (2015): Solidarität als moralische Arbeitsteilung. Münster.

LUBRICH, M. (2018): Der Gesamtschuldnerrückgriff im Zuständigkeitssystem der EuGVVO. Tübingen.

MAIER, H. (1975): Revolution und Kirche. Zur Frühgeschichte der christlichen Demokratie. München.

MAIER, H. (1983): Katholizismus und Demokratie. Freiburg.

MAISCHBERGER, S. (16.01.2019): Hartz IV vor Gericht: Wie hart darf der Sozialstaat sein? https://www.daserste.de/information/talk/maischberger/index.html (Zugriff am 20.01.2019).

MAISTRE, J. DE (1821): Les Soirées de Saint-Pétersbourg. Paris.

MARX, K. u. F. ENGELS (1973): Werke. Berlin.

MAZUREK, F. J. (1980): Die Konzeption des gesellschaftlichen Solidarismus nach Heinrich Pesch. In: Jahrbuch für Christliche Sozialwissenschaften. Münster.

MERKEL, A. (2020): Fernsehansprache von Bundeskanzlerin Angela Merkel am 18.03.2020. https://www.bundeskanzlerin.de/resource/blob/260162/1732182/d4af29ba76f62f61f1320c32d39a7383/fernsehansprache-von-bundeskanzlerin-angela-merkel-data.pdf (Zugriff am 11.05.2020).

METZ, K. H. (1998): Solidarität und Geschichte. Institution und sozialer Begriff der Solidarität in Westeuropa im 19. Jahrhundert. In: Bayertz, K. (Hrsg.): Solidarität. Begriff und Problem. Frankfurt am Main, S. 172–194.

MOUFANG, C. (1871): Die soziale Frage. 27. Februar 1871. In: Henning, H. u. Tennstedt, F. (Hrsg.) (2006): Von der Reichsgründungszeit bis zur Kaiserlichen Sozialbotschaft (1867-1881). Grundfragen der Sozialpolitik in der öffentlichen Diskussion. Kirchen, Parteien, Vereine und Verbände. Mainz, S. 159–169.

NAGEL, L. (1870): Verhandlungen der Bonner Konferenz für die Arbeiterfrage. 14. und 15. Juni 1870. In: Henning, H. u. Tennstedt, F. (Hrsg.) (2006): Von der Reichsgründungszeit bis zur Kaiserlichen Sozialbotschaft (1867-1881). Grundfragen der Sozialpolitik in der öffentlichen Diskussion. Kirchen, Parteien, Vereine und Verbände. Mainz, S. 141–158.

NECKEL, S. (2020): Im Interview mit Thome, M.: Solidarität in der Krise: Warum die Suche nach Sündenböcken so schädlich ist. https://www.geo.de/wissen/gesundheit/22772-rtkl-corona-pandemie-solidaritaet-der-krise-warum-die-suche-nach?utm_campaign=&utm_source=email&utm_medium=mweb_sharing (Zugriff am 05.05.2020).

PAPST FRANZISKUS (2020): Osterbotschaft „Urbi et Orbi“, 12.04.2020. http://w2.vatican.va/content/francesco/de/messages/urbi/documents/papa-francesco_20200412_urbi-et-orbi-pasqua.html (Zugriff am 11.05.2020).

PESCH, H. (1923): Lehrbuch der Nationalökonomie. Freiburg.

PETERSEN, N. (2020): Im BZ-Interview: „Zweikämpfe sind nötig, jubeln nicht“. In: Badische Zeitung vom 09.05.2020, S. 11.

PIUS XI. (1977): Quadragesimo anno. 1931. In: Bundesverband der Katholischen Arbeitnehmer-Bewegung Deutschlands (Hrsg.): Texte zur katholischen Soziallehre. Bornheim, S. 91–152.

PLESSNER, H. (1974): Die verspätete Nation. Über die politische Verführbarkeit bürgerlichen Geistes. Frankfurt am Main.

RAUSCHENBACH, T. (1994): Inszenierte Solidarität. Soziale Arbeit in der Risikogesellschaft. In: Beck, U. u. Beck-Gernsheim, E. (Hrsg.): Riskante Freiheiten. Individualisierung in modernen Gesellschaften. Frankfurt a.M., S. 89–111.

REISZ, G. (2006): Solidarität in Deutschland und Frankreich. Eine politische Deutungsanalyse. Opladen.

REITZENSTEIN, I. V. (1961): Solidarität und Gleichheit. Ordnungsvorstellungen im deutschen Gewerkschaftsdenken nach 1945. Berlin.

RENAUD, H. (1855): Solidarität. Kurzgefasste Darstellung der Lehre Karl Fourier's. Zürich.

RIEGER, G. (2013): Das Politikfeld Sozialarbeitspolitik. In: Benz, B., Rieger, G., Schönig, W. u. Többe-Schukalla, M. (Hrsg.): Politik Sozialer Arbeit. Band 1: Grundlagen, theoretische Perspektiven und Diskurse. Weinheim, S. 54–69.

RITTER, G. A. (1989): Der Sozialstaat. Entstehung und Entwicklung im internationalen Vergleich. München.

ROSA, H., STRECKER, D., KOTTMANN, A. (2018): Soziologische Theorien. Konstanz u. München.

RÜHLE, M. (2020): Ein neuer Gesellschaftsvertrag. In: Frankfurter Allgemeine Zeitung vom 18.04.2020. S. 8.

SCHIEDER, W. (2004): Brüderlichkeit. Bruderschaft, Brüderschaft, Verbrüderung, Bruderliebe. In: Brunner, O., Conze, W. u. Koselleck, R. (Hrsg.): Geschichtliche Grundbegriffe. Historisches Lexikon zu politisch-sozialen Sprache in Deutschland. A-D. Stuttgart.

SCHMELTER, J. (1991): Solidarität. Die Entwicklungsgeschichte eines sozialethischen Schlüsselbegriffs. Diss. Theol. München.

SCHMITT, E. (1989): Die Französische Revolution von 1789. Grundposition der Deutung. In: Aus Politik und Zeitgeschichte, H. 3, S. 3–11.

SCHMOLLER, G. (1990): Über die soziale Frage. 1872. In: Wende, P., Schlotzhauer, I., Fahrmeir, A. u. Recker, M.-L. (Hrsg.): Politische Reden II. 1869-1914. Die klassischen politischen Reden der Deutschen - von der Französischen Revolution bis zum Ausbruch des Ersten Weltkriegs. Frankfurt, Main, S. 137–145.

SCHMOLLER, G. (1864): Die Arbeiterfrage. September/Oktober 1864. In: Henning, H. u. Tennstedt, F. (Hrsg.) (2006): Von der Reichsgründungszeit bis zur Kaiserlichen Sozialbotschaft (1867-1881). Grundfragen der Sozialpolitik in der öffentlichen Diskussion. Kirchen, Parteien, Vereine und Verbände. Mainz, S. 27–32.

SCHÖNIG, W. (2013): Soziale Arbeit als Intervention und Modus der Sozialpolitik. In: Benz, B., Rieger, G., Schönig, W. u. Többe-Schukalla, M.

(Hrsg.): Politik Sozialer Arbeit. Band 1: Grundlagen, theoretische Perspektiven und Diskurse. Weinheim, S. 32–54.

SCHWEICHEL, R. u. LIEBKNECHT, W. (1868): Programm des Vereinstages der deutschen Arbeitervereine. 6. September 1868. In: Henning, H. u. Tennstedt, F. (Hrsg.) (2006): Von der Reichsgründungszeit bis zur Kaiserlichen Sozialbotschaft (1867-1881). Grundfragen der Sozialpolitik in der öffentlichen Diskussion. Kirchen, Parteien, Vereine und Verbände. Mainz, S. 76–77.

SPD (2007): Hamburger Programm. Grundsatzprogramm der Sozialdemokratischen Partei Deutschlands. Beschlossen auf dem Hamburger Bundesparteitag der SPD am 28. Oktober 2007. https://www.spd.de/fileadmin/Dokumente/Beschluesse/Grundsatzprogramme/hamburger_programm.pdf (Zugriff am 09.02.2018).

SPRENGER, C. (2014): Ferdinand Lasalle. https://www.dhm.de/lemo/biografie/ferdinand-lassalle (Zugriff am 21.01.2019).

STAUB-BERNASCONI, S. (1995): Das fachliche Selbstverständnis Sozialer Arbeit - Wege aus der Bescheidenheit. Soziale Arbeit als Human Rights Profession. In: Wendt, W. R. (Hrsg.): Soziale Arbeit im Wandel ihres Selbstverständnisses. Beruf und Identität. Freiburg.

STAUB-BERNASCONI, S. (2008): Menschenrechte in ihrer Relevanz für die Theorie und Praxis Sozialer Arbeit. Oder: Was haben Menschenrechte überhaupt in der Sozialen Arbeit zu suchen? In: Widersprüche, H. 107, S. 9–32.

STAUB-BERNASCONI, S. (2012): Soziale Arbeit als Menschenrechtsprofession. Erlangen-Nürnberg.

STAUB-BERNASCONI, S. (2018): Soziale Arbeit als Handlungswissenschaft. Auf dem Weg zu kritischer Professionalität. Opladen und Toronto.

STEIN, L. V. (1959): Das Königtum, die Republik und die Souveränität der französischen Gesellschaft seit der Februarrevolution 1848. Darmstadt.

STEINVORTH, U. (1998): Kann Solidarität erzwingbar sein? In: Bayertz, K. (Hrsg.): Solidarität. Begriff und Problem. Frankfurt am Main, S. 54–85.

STICHWEH, R. (2020): Simplifikation des Sozialen. Durch die Corona-Pandemie wird die Weltgesellschaft einer unbekannten Situation ausgesetzt: Was passiert, wenn alle Funktionssysteme zeitweilig einem einzigen Imperativ folgen? In: Frankfurter Allgemeine Zeitung vom 07.04.2020, S. 9.

THIERSCH, H. (2009): Schwierige Balance. Über Grenzen, Gefühle und berufsbiografische Erfahrungen. Weinheim.

THIERSCH, H. (2018): Hans Thiersch. https://www.hans-thiersch.de/Hans-Thiersch.de/Willkommen.html (Zugriff am 13.02.2019).

TRANOW, U. (2012): Das Konzept der Solidarität. Handlungstheoretische Fundierung eines soziologischen Schlüsselbegriffs. Wiesbaden.

TYRELL, H. (1985): Emile Durkheim - Das Dilemma der organischen Solidarität. In: Luhmann, N. (Hrsg.): Soziale Differenzierung: zur Geschichte einer Idee. Opladen, S. 181–250.

UERTZ, R. (2005): Katholizismus und Demokratie. In: Aus Politik und Zeitgeschichte, H. 7, S. 15–22.

VEREINTE NATIONEN (2000): Millenniums-Erklärung der Vereinten Nationen. Verabschiedet von der Generalversammlung der Vereinten Nationen zum Abschluss des vom 6. – 8 September 2000 abgehaltenen Millenniumsgipfels in New York. New York.

VIERKANDT, A. (1928): Gesellschaftslehre. Stuttgart.

VIERKANDT, A. (1972): Solidarität. In: Bernsdorf, W. (Hrsg.): Wörterbuch der Soziologie 3. Frankfurt am Main, S. 704–706.

WALTER, C. (2009): Verfassungsdiskurse: Religionen im säkularen Staat. In: Kippenberg, H. G., Rüpke, J. u. von Stuckrad, K. (Hrsg.): Europäische Religionsgeschichte. Ein mehrfacher Pluralismus. Göttingen, S. 469–496.

WENDT, W. R. (2017): Die Gesellschaft vor der sozialen Frage 1750 bis 1900. Wiesbaden.

WICHERN, J. H. (1871): Die Mitarbeit der evangelischen Kirche an den sozialen Aufgaben der Gegenwart. Oktober 1871. In: Henning, H. u. Tennstedt, F. (Hrsg.) (2006): Von der Reichsgründungszeit bis zur Kaiserlichen Sozialbotschaft (1867-1881). Grundfragen der Sozialpolitik in der öffentlichen Diskussion. Kirchen, Parteien, Vereine und Verbände. Mainz, S. 181–189.

WILDT, A. (1995): Solidarität. In: Ritter, J. u. Gründer, K. (Hrsg.): Historisches Wörterbuch der Philosophie. Basel, S. 1003–1015.

WILDT, A. (1998): Solidarität. Begriffsgeschichte und Definition heute. In: Bayertz, K. (Hrsg.): Solidarität. Begriff und Problem. Frankfurt am Main, S. 202–216.

ZOLL, R. (2000): Was ist Solidarität heute? Frankfurt am Main.

Anhang

I Ergänzende Nennungen zu Kapitel 2.2 des Solidaritätsbegriffs in den Quellensammlungen aus Heitzer, H. (1991): Deutscher Katholizismus und Sozialpolitik bis zum Beginn der Weimarer Republik, Paderborn.

II Ausschnitte aus den Grundsatzprogrammen der politischen Parteien im Deutschen Bundestag

I Heitzer, Horswalter (1991): Deutscher Katholizismus und Sozialpolitik bis zum Beginn der Weimarer Republik, Paderborn.

Organisation und Bedeutung der Fabrik-Krankenkasse, 1884, 104-106.

„Jetzt, wo jeder Fabrikherr sich schlüssig machen muß, ob er für seine Arbeiter eine besondere Kasse errichten will, oder ob diese in die Ortskasse oder in irgend eine andere eingeschrieben Hülfskasse eintreten sollen, empfehlen wir obige von Männern der Praxis aufgestellten Thesen recht nachdrücklich der Erwägung, indem wir nochmals die maßgebenden Gesichtspunkte hervorheben.
[…]
Auch das Ehrgefühl ist in dem engern Kreise der Fabrik wirksamer engagiert, das **Gefühl der Solidarität** ist stärker, und dem Arbeiter kommt es unmittelbar zum Bewußtsein, daß er durch Simulation seine Mitarbeiter schädigt und betrügt – bei weitem mehr, als wenn er die ihm ziemlich fremde, umfassende Ortskasse hintergeht.
[…]
die Fabrik-Krankenkasse schlingt ein ethisches Band um Arbeiter und Fabrikherrn, sie bildet die Grundlage und die feste Form einer wirhschaftlich-ethischen Organisation der Fabrik.
[…]
Kurz, die schroffe Kluft wird überbrückt, die Entfremdung zwischen Arbeitgeber und Arbeitnehmer […] ist überwunden, sie treten sich als Menschen näher, und das auf echt humanem, wahrhaft christlichem, gemeinsamem Boden: - in der Fürsorge für das kranke Mitglied der Fabrikgemeinschaft. – Für den christlichen, recht denkenden Fabrikherrn muß es eine Freude sein."

Peter Franz Reichensperger, Über den Rechszuschuß für die Alters- und Invalidenversicherung, 4. April 1887, 173-177.

„Der Staat ist für uns der organisierte Verband des Volkes zur Pflege aller leiblichen und geistigen Güter, und das soll auch hier verwirklicht werde. Der Reichstag hat jedenfalls seit einer Reihe von Jahren diesen Standpunkt eingenommen und verwirklicht, indem er soziale Aufgaben zu den seinigen gemacht hat.
[…]
„Ich schließe die Erklärung, daß ich die Altersversorgung will, […] nicht […] ohne den Reichszuschuß, […]. Ich füge nur noch das eine hinzu: meiner Ueberzeugung nach wird dieser Reichszuschuß reichen Segen bringen, nicht bloß auf dem materiellen, sondern auch auf dem ethischen Gebiete, indem er das **Bewußtsein der Solidarität** aller mit den Zuständen der Arbeiterbevölkerung dokumentiert und so den […] Klassenhaß […] zerstören wird.
[…]
„Mein Vertrauen in die Zukunft unseres Vaterlandest steht in genauem Verhältniß mit der Verwirklichung des praktischen Christentums durch Reichstag und durch Gesetzgebung!"

II Ausschnitte aus den Grundsatzprogrammen der politischen Parteien im Deutschen Bundestag

Ausschnitte aus dem Grundsatzprogramm der GRÜNEN (2002) „Die Zukunft ist grün"

„Solidarität. Gerechtigkeit braucht Solidarität und bürgerschaftliches Engagement. Solidarität lebt durch selbstbewusste Individuen; sie stärkt die Bürgerinnen und Bürger, anstatt sie zu entmündigen. Die Alternative zwischen den Befürwortern eines bevormundend-fürsorglichen Staates und den Propagandisten von „Je weniger Staat, desto besser" ist überholt. Der Staat soll die öffentlichen Aufgaben nicht dem freien Spiel der Kräfte überlassen. Er soll sie auch nicht anstelle der Gesellschaft lösen, sondern mit den Bürgerinnen und Bürgern zusammen. Investieren wollen wir daher auch in Netzwerke und Gemeinschaften, in denen wechselseitige Hilfe praktiziert wird. Der Staat kann die Bürgerinnen und Bürger dann für mehr Verantwortung für das Gemeinwesen gewinnen, wenn er sie darin unterstützt." 13

„Die ökologisch-soziale Marktwirtschaft der Zukunft verlangt die Stärkung der Gesellschaft. Sie wirkt einer ausschließlich an maximalem privaten Gewinn orientierten Wirtschaftsweise entgegen. Dauerhafte Massenarbeitslosigkeit und Ausgrenzung von der Teilhabe an wirtschaftlichem Wohlstand sind zu überwinden. Daher wird die bisherige soziale Marktwirtschaft, die zu sehr auf den Unternehmensprofit ausgerichtet ist, ihrem Anspruch nicht gerecht und muss dringend weiter entwickelt werden. Das Soziale kann nicht auf eine Behördenfunktion des Staates reduziert werden. Ohne Freiheit der gesellschaftlichen Kräfte, ohne Selbstbestimmung der Bürgerinnen und Bürger, ohne Subsidiarität erstarrt soziale Solidarität in Bürokratie. Es geht uns um die Förderung der zivilen Gesellschaft mit Mitteln des Staates bei gleichzeitiger Begrenzung des Staates. Das unterscheidet uns von staatssozialistischen, konservativen wie marktliberalen Politikmodellen." 43

„Wir sind für einen aktivierenden Föderalismus, bei dem die Rolle der Kommunen gestärkt wird. Für die demokratische Legitimation unseres föderalen Systems müssen die unübersichtlichen Kompetenzen der verschiedenen staatlichen Ebenen zugunsten von mehr Gestaltungsfreiheit für Länder und Gemeinden neu geordnet werden. Dazu gehört auch die Erweiterung der steuerpolitischen Gestaltungsspielräume der Gemeinden in Form eigenständiger Steuer- und Hebesatzrechte. An der durch die Verfassung vorgegebenen Verpflichtung zu bundesstaatlicher Solidarität der Länder halten wir fest. Wir wollen sicherstellen, dass die neuen Länder so an der finanziellen Leistungsfähigkeit des Gesamtstaates teilhaben, dass sie ihren Aufholprozess fortsetzen können." 58

„Eine starke Position auf den Weltmärkten verpflichtet zur Solidarität gegenüber schwächeren Ländern, insbesondere auf dem Feld der Entwicklungszusammenarbeit. Wir wollen unsere Volkswirtschaft Wettbewerbsfähig halten, ohne andere Volkswirtschaften zu ruinieren. Die beiden größten Beiträge, die hochindustrialisierte gegenüber ärmeren Ländern Afrikas, Asiens und Lateinamerikas leisten müssen, sind die Öffnung ihrer Märkte für deren Produkte und der Abbau der massiven Subventionen für die Landwirtschaft im Norden. Eine Politik der Marktöffnung gegenüber dem Süden muss durch das Engagement für international geltende soziale, ökologische und geschlechterdemokratische Mindeststandards flankiert werden, um eine bloße Dumpingkonkurrenz zu vermeiden. Zu diesen Mindeststandards gehören das Streikrecht und das Recht auf Bildung freier Gewerkschaften. Wir unterstützen den Aufbau solidarischer

Handels-Netzwerke, die einen fairen Preis für Produkte garantieren, um sicherzustellen, dass diese unter humanen und ökologisch vertretbaren Bedingungen hergestellt werden." 59

„Wir wollen eine Gesellschaft gestalten, in der niemand ausgegrenzt wird, in der alle ihre Chancen zur Entfaltung ihrer Fähigkeiten bekommen, in der Kinder willkommen sind, Alte nicht aufs Altenteil abgeschoben werden und Menschen mit Behinderungen nicht ausgesondert, in der Armut der Vergangenheit angehört, in der die Zukunft nicht verplant, sondern aktiv gestaltet wird. Wir wollen eine politische Kultur der Solidarität entwickeln, in der Respekt, Toleranz und Hilfe sowie das Engagement für die Schwächsten selbstverständlich ist. Wir wollen eine gerechte zivile Bürgergesellschaft, die ihren Beitrag leistet zu einer gerechten Weltgesellschaft ohne Ausbeutung und Unterdrückung von Menschen und Natur." 61

„Sozialpolitik und Gerechtigkeit. Wir setzen auf soziale Sicherung und gerade deshalb auf den Mut zum Wandel. Soziale Sicherung braucht den Wandel. Und der Wandel braucht seinerseits neue Formen der Sicherung. Das eine geht nicht ohne das andere. Die gerechte Verteilung der wichtigen gesellschaftlichen Güter ist Kernbestandteil bündnisgrüner Politik. Unsere Vorstellungen von sozialer Gerechtigkeit und Solidarität gehen weiter als die klassische Umverteilungspolitik. Vorrangiges Ziel unserer Politik ist es, Armut und soziale Ausgrenzung zu vermeiden und die soziale Lage der am schlechtesten Gestellten zu verbessern. Wir wollen Teilhabegerechtigkeit herstellen, die allen Bürgerinnen und Bürgern den Zugang zu den wichtigsten gesellschaftlichen Bereichen Bildung, Arbeit und politische Partizipation eröffnet. Massenarbeitslosigkeit ist unakzeptabel und nach wie vor eine ungelöste Gerechtigkeitsfrage in unserer Gesellschaft. Soziale Gerechtigkeit kann aber nicht länger allein als Ausgleich zwischen oben und unten begriffen werden. Die Chancengleichheit zwischen Frauen und Männern und gleiche Beteiligungsrechte für alle Bürgerinnen und Bürger unseres Landesgehören für uns genauso zum Kern der Gerechtigkeitsfragen wie die Generationengerechtigkeit zwischen Alten und Jungen. Auch wollen wir einen fairen Ausgleich für Menschen, die mit Kindern leben. Der politische Auftrag besteht darin, die gesellschaftlichen Lebensverhältnisse so zu gestalten, dass alle daran gleichberechtigt teilhaben können, egal welche Voraussetzungen sie mitbringen." 61

„Bürgerschaftliches Engagement und Selbstverwirklichung sind keine Gegensätze. Nach wie vor sind viele Menschen zu freiwilligem Engagement bereit, aber die gewünschten Formen und die Motive haben sich geändert: Die Menschen wollen sich einbringen und aktiv mitwirken, sie wollen einen Sinn erkennen und nicht zuletzt Freude und auch Spaß dabei haben. Aufgabe der kommunalen Politik ist es, für moderne Menschen und veränderte Motivlagen passende Angebote und Gelegenheiten zu fördern, in denen sich Menschen selbst entfalten und gleichzeitig etwas für andere tun können. In einer Zeit, in der die traditionellen Quellen der Solidarität eher schwächer werden, kommt diesen neuen Formen des sozialen und bürgerschaftlichen Engagements eine besondere Bedeutung zu. Es sind diese Orte an den Wurzeln der Gesellschaft, an denen Solidarität gelernt und eingeübt werden kann." 67

„Erwerbsarbeit ist mehr als bloßer Broterwerb. Sie ist ein Mittel der Integration und für viele Menschen ein Mittel der Selbstbestätigung und persönlichen Entfaltung. Lang andauernde Erwerbslosigkeit schafft Armut und isoliert die Betroffenen und ihre Familien. Die jahrelange Massenerwerbslosigkeit ist unter keinen Umständen hinzunehmen. Der Abbau von Arbeitslosigkeit steht deshalb ganz oben auf unserer politischen Agenda. Arbeit ist mehr als die klassische Erwerbsarbeit. Die ökologisch- soziale Marktwirtschaft der Zukunft muss alle Formen der Arbeit anerkennen, aufwerten und die Voraussetzungen für eine gerechte Verteilung zwischen den Geschlechtern schaffen. Hausarbeit, Erziehungsarbeit, Gemeinwesenarbeit und Nachbarschaftshilfe sind die Grundlagen einer sozial gestalteten Bürgergesellschaft, ohne sie hätten auch Solidarität und soziale Netzwerke keine Chance. Deshalb wollen wir Rahmenbedingungen schaffen und Instrumente entwickeln, die nicht nur die Zugangsgerechtigkeit zur Erwerbsarbeit herstellen, sondern auch die unterschiedlichsten Lebensformen und Kombinationen zwischen Erwerbsarbeit und Nichterwerbsarbeit ermöglichen und sozial absichern. Zugangsgerechtigkeit und faire Chancen für alle, die Arbeit suchen, ist eine zentrale Aufgabe bündnisgrüner Arbeitsmarktpolitik. Wir wollen integrieren statt ausgrenzen." 67

„Wir wollen die Zukunftsfähigkeit unseres Gesundheitssystems sichern: als Garantin einer hoch stehenden medizinischen und gesundheitlichen Versorgung für alle Bürgerinnen und Bürger unabhängig von Einkommen, sozialer Stellung und Wohnort. Wir treten deshalb jedem Versuch entgegen, für die gesundheitliche Versorgung der Bevölkerung notwendige Leistungen aus der solidarischen Finanzierung auszugliedern. Vielmehr wollen wir die bestehenden Versorgungsstrukturen weiterentwickeln und Versorgungslücken schließen. Die solidarische Finanzierung hilft auszugleichen und zu sichern, dass Personen und Gruppen, die aufgrund belastender Arbeitssituationen oder sozialer Faktoren ein höheres Risiko tragen, zu erkranken oder vorzeitig zu sterben, eine gute medizinische Versorgung erhalten, unabhängig von den eigenen finanziellen Möglichkeiten: Der Zugang zu gesundheitsrelevanten Leistungen muss allen offen stehen. Eine umfassende Versicherung der Bürgerinnen und Bürger sichert dies durch einen solidarischen Ausgleich. Das Solidaritätsprinzip dieser Versicherung beruht auf gewollten Umverteilungsprozessen von Gesunden zu Kranken, von alleinstehenden Versicherten zu Familien, von jüngeren zu alten Versicherten und von Menschen mit höherem zu Menschen mit geringerem Einkommen." 84

„Bildung ist für uns vor allem Persönlichkeitsbildung. Sie ist Grundlage für einen verantwortungsvollen Umgang der Menschen mit sich selbst, mit anderen Menschen und mit der Umwelt. Eine solche Bildung ermöglicht Urteils- und Kritikfähigkeit, Empathie und Solidarität. Sie schärft den Blick für gesellschaftliche und politische Alternativen zum Status quo und fördert das kreative und innovative Potenzial jedes Einzelnen. Bündnisgrüne Bildungspolitik steht für entdeckendes und selbständiges Lernen. Kinder wollen lernen. Diese Freude am Lernen zu fördern, Menschen ein Leben lang die Lust auf neue Herausforderungen zu erhalten, ist der Auftrag aller Bildungseinrichtungen." 95

„Die Bundesrepublik Deutschland ist ein Einwanderungsland. Die Gestaltung von Einwanderung gehört zu den zentralen politischen Fragen der nächsten Jahre – sowohl in Deutschland als auch in Europa. Bei der Arbeitskräftezuwanderung wollen wir die Fehler der alten Gastarbeiterpolitik vermeiden. Eine hire-and-fire- oder eine just-in-time-Einwanderung widerspricht bündnisgrünen Politikvorstellungen. Vielmehr soll Arbeitsmigrantinnen und –migranten die Perspektive eines Daueraufenthalts eröffnet werden. Bei der demografischen Zuwanderung ist darauf zu achten, dass sie nicht zu einer Einwanderung vornehmlich männlicher Eliten und aus bestimmten Regionen verkommt. Dass eine moderne Zuwanderung nicht gegen die humanitären Schutzpflichten ausgespielt wird, ist ein zentrales Moment unserer Politik. BÜNDNIS 90/DIE GRÜNEN sind die Garanten des Asylgrundrechts unserer Verfassung. Wir werden uns auch in Zukunft dafür einsetzen, dass sowohl die deutsche als auch die europäische Asylpolitik auf der uneingeschränkten und allumfassenden Gültigkeit der Genfer Flüchtlingskonvention aufbaut. Wir setzen uns für die Anerkennung von geschlechtsspezifischer und nichtstaatlicher Verfolgung und von Verfolgung wegen Diskriminierung sexueller Identität als Schutzgründe ein. Dies liegt in unserer historischen Verantwortung, ist aber auch Ausdruck unserer internationalen Solidarität: Zum einen heißt das, Fluchtursachen zu beseitigen, zum anderen, Menschen auf der Flucht bei uns Schutz zu gewähren – unter menschenrechtlich und rechtsstaatlich einwandfreien Bedingungen. Eine Festung Europa haben wir immer abgelehnt. Wir gehen, wie viele Instanzen in der Europäischen Union, davon aus, dass der Schlüssel für eine moderne, weltoffene und gleichzeitig werteorientierte Flüchtlings- und Migrationspolitik nicht mehr auf nationaler Ebene, sondern in Europa gefunden werden muss." 122-123

„Bündnisgrüne Außenpolitik hat sich entwickelt aus den Traditionen der Friedensbewegung, der Nord-Süd-Solidarität und der Menschenrechtsbewegungen. In der Spätphase des Kalten Krieges wandten wir uns auf beiden Seiten der Mauer gegen die atomare Hochrüstung, gegen die Militarisierung des Denkens, gegen Feindbilder und gegenseitige Verteufelung. Wir setzten uns für umfassende Abrüstung, für inneren und äußeren Frieden, für gewaltfreie Konfliktlösungen ein. Gegen ökologische Krisen, Hunger, Unterdrückung, Unterentwicklung und Verelendung der Menschen in weiten Teilen Afrikas, Lateinamerikas und Asiens haben wir uns gemeinsam mit Solidaritätsbewegungen engagiert. Für die Universalität der Geltung der Menschenrechte haben wir immer wieder unbeirrt die Stimme erhoben." 143-144

„Bündnisgrüne Außenpolitik setzt auf den Prozess der europäischen Einigung. Die Integration hat Europa eine in der Geschichte einmalige Periode des Friedens und des Wohlstands gebracht. Ebenso gründet unser Ja zu Europa auf der Tatsache, dass wir in Zukunft nicht mehr in geschlossenen und gegeneinander abgrenzbaren Räumen von Nationalstaaten und Nationalgesellschaften leben und handeln können. Das Europa, das wir anstreben, ist das Europa der Demokratie, der Nachhaltigkeit und der Solidarität, das eine sozial gerechte und ökologische Politik nach innen und außen vertritt. Europa hat die Chance, den Frieden auf dem Kontinent dauerhaft zu sichern und einen bedeutenden Beitrag zum Weltfrieden zu leisten. Der Europäischen Union kommt in diesem Prozess die größte Verantwortung zu. Ihre Erweiterung unterstützen wir ebenso wie die Vertiefung ihrer inneren Integration." 144

„Die Globalisierung verändert die Welt. Ökonomische, kulturelle oder informationelle Systeme vernetzen sich über die ganze Erde; wir leben und handeln immer weniger in Nationalstaaten und Nationalgesellschaften, die Konturen einer Weltgesellschaft bilden sich heraus. Globalisierung eröffnet die große historische Chance, die alte humanistische Idee zu verwirklichen: die Menschheit sieht sich in weltweiter Verantwortung und in Solidarität füreinander – und handelt auch so. In diesem Sinne sind auch die Grünen Teil einer Bewegung, die aus dem Bewusstsein der Globalisierung und aus der Sorge um deren weltweite ökologische und soziale Folgen entstanden ist." 145

„Weil wir eine Welt der globalen Solidarität und Verantwortung wollen, sagen wir Nein zu einer Globalisierung, die die Welt zur Ware macht. Der reinen Logik der wirtschaftlichen Verwertung und des Wachstums müssen Grenzen gesetzt werden. So darf das Recht auf ausreichende Ernährung, auf gesundes Wasser und intakte Umweltbedingungen nirgends und nie der Logik des wirtschaftlichen Gewinns untergeordnet werden." 146

„Deutschlands Abhängigkeiten sind durch die internationalen Veränderungen nicht geringer geworden. Zugleich ist unsere Verantwortung in Europa und in der Welt gewachsen. Wir wollen eine deutsche Politik, die im internationalen Interesse Verantwortung übernimmt. Deutschland darf seine internationale Politik nicht auf nationale Interessen reduzieren, auch wenn eine Politik der internationalen Solidarität und globalen Verantwortung keineswegs von gesellschaftlichen Interessen im eigenen Land abstrahieren kann. Es geht darum, legitime soziale, ökologische und wirtschaftliche Interessen und Sicherheitsbedürfnisse mit den Zielen einer wertegeleiteten Außenpolitik in Einklang zu bringen.“ 150-151

„Integration und regionale Vielfalt schließen sich nicht aus, wenn Subsidiarität praktiziert wird. Wir wollen ein feingliedriges Europa, in dem Entscheidungen dort getroffen werden, wo dies von der Sache her geboten ist und größte demokratische Einflussnahme ermöglicht. Im zusammenwachsenden Europa darf nicht zentralisiert werden, was vernünftigerweise auf der Ebene der Kommunen und Regionen geregelt werden kann. Deshalb wollen wir die Bedeutung der Regionen in Europa fördern und kulturelle Vielfalt sowie regionale Besonderheiten erhalten. Wir lehnen es aber ab, die Frage der Kompetenzabgrenzung zu missbrauchen, um sich angesichts des Beitritts ärmerer Länder und Regionen aus der europäischen Solidarität zu stehlen. In Fragen, die nur europäisch entschieden und umgesetzt werden können, muss Europa voll handlungsfähig sein.“ 154

Ausschnitte aus dem Grundsatzprogramm der SPD (2007)
Hamburger Programm

„Wir erstreben eine friedliche und gerechte Weltordnung. Wir setzen auf die Stärke des Rechts, um das Recht des Stärkeren zu überwinden. Das soziale Europa muss unsere Antwort auf die Globalisierung werden. Nur in gemeinsamer Sicherheit und Verantwortung, nur in Solidarität und Partnerschaft werden die Völker, Staaten und Kulturen das Überleben der Menschheit und des Planeten sichern können.“ 5

„Wir entwickeln den vorsorgenden Sozialstaat, der Armut bekämpft, den Menschen gleiche Chancen auf ein selbstbestimmtes Leben eröffnet, gerechte Teilhabe gewährleistet und die großen Lebensrisiken verlässlich absichert. Wir setzen auf das Miteinander der Generationen und die Gleichberechtigung von Frauen und Männern. Unsere Unterstützung gilt den Familien, unsere besondere Solidarität gilt den Schwächsten in unserer Gesellschaft. Wir wollen ein gesundes Leben und gute Bildung für alle. Wir wollen kein Kind zurücklassen.“ 5-6

„Die Demokratie ist die einzige politische Ordnung, die der Selbstverantwortung der Menschen gerecht wird und die Grenzen der Politik entsprechend bemisst. Die Menschen- und Bürgerrechte legen der Politik und den staatlichen Institutionen Grenzen auf, ohne die es keine Demokratie geben kann. Der Mensch ist aber nicht nur ein Individualwesen mit seinen Rechten und Pflichten, sondern auch ein Sozialwesen, also auf Kooperation angelegt und zu Kooperation bereit. Die Demokratie stützt die Kooperationsbereitschaft durch ihre Institutionen, sie organisiert Solidarität über unterschiedliche soziale Lagen, Generationen und Herkünfte hinweg.“ 14

„‚Freiheit, Gleichheit, Brüderlichkeit‘, die Grundforderungen der Französischen Revolution, sind die Grundlage der europäischen Demokratie. Seit das Ziel der gleichen Freiheit in der Moderne zum Inbegriff der Gerechtigkeit wurde, waren und sind Freiheit, Gerechtigkeit und Solidarität die Grundwerte des freiheitlichen, demokratischen Sozialismus. Sie bleiben unser Kriterium für die Beurteilung der politischen Wirklichkeit, Maßstab für eine bessere Ordnung der Gesellschaft, Orientierung für das Handeln der Sozialdemokratinnen und Sozialdemokraten.“ 14-15

„Konservative und Liberale spielen die Grundwerte nicht selten gegeneinander aus: je mehr Freiheit, desto weniger Gerechtigkeit und umgekehrt. Im sozialdemokratischen Verständnis bilden sie eine Einheit. Sie sind gleichwertig und gleichrangig. Vor allem: Sie bedingen, ergänzen, stützen und begrenzen einander. Unser Verständnis der Grundwerte bewahrt uns davor, Freiheit auf die Freiheit des Marktes, Gerechtigkeit auf den Rechtsstaat, Solidarität auf Armenfürsorge zu reduzieren.“ 15

„Solidarität bedeutet wechselseitige Verbundenheit, Zusammengehörigkeit und Hilfe. Sie ist die Bereitschaft der Menschen, füreinander einzustehen und sich gegenseitig zu helfen. Sie gilt zwischen Starken und Schwachen, zwischen Generationen, zwischen den Völkern. Solidarität schafft Macht zur Veränderung, das ist die Erfahrung der Arbeiterbewegung. Solidarität ist eine starke Kraft, die unsere Gesellschaft zusammenhält – in spontaner und individueller Hilfsbereitschaft, mit gemeinsamen Regeln und Organisationen, im Sozialstaat als politisch verbürgter und organisierter Solidarität.“ 16

„Eine friedliche und gerechte Welt Die internationale Politik der deutschen Sozialdemokratie dient dem Ziel, Konflikte zu verhindern und Frieden zu schaffen. Unsere Prinzipien dafür sind Verständigung, internationale Solidarität und gemeinsame Sicherheit durch Kooperation. Wir setzen auf die Überzeugung, dass Macht dem Recht untergeordnet werden muss.“ 19

„Die Unterschiede in der Wirtschafts- und Finanzkraft von Regionen und Ländern haben zugenommen. Unser Leitbild ist die Gleichwertigkeit der Lebensverhältnisse. Darum setzen wir auf die solidarische Beistandspflicht zwischen allen Teilen Deutschlands, West und Ost, Süd und Nord. Ostdeutschland hat ein Recht auf gesamtdeutsche Solidarität.“ 35

„Deshalb bedeutet Vollbeschäftigung heute für uns nicht die unausgesprochene Garantie, dass jeder ein Leben lang in derselben Firma denselben Arbeitsplatz hat. Vollbeschäftigung bedeutet für uns heute: Jeder Mensch soll immer wieder neu die Chance auf gute Arbeit und die dafür nötige Qualifikation erhalten. Notwendige und erwünschte Zeiten der Qualifizierung und Weiterbildung, der Kindererziehung und Familienarbeit, der ehrenamtlichen und politischen Arbeit sollen die angemessene Anerkennung erfahren und deshalb in gesellschaftlicher Solidarität sozial abgesichert sein.“ 52

„Der Sozialstaat ist die organisierte Solidarität zwischen den Starken und den Schwachen, den Jungen und den Alten, den Gesunden und den Kranken, den Arbeitenden und den Arbeitslosen, den Nichtbehinderten und den Behinderten. Das Fundament des Sozialstaates bilden auch in Zukunft staatlich verbürgte soziale Sicherung und Teilhabe, der einklagbare Rechtsanspruch auf Sozialleistungen sowie die Arbeitnehmerrechte.“ 56

„Gerechtigkeit und Solidarität müssen auch für die Finanzierung unseres Sozialstaates gelten. Die paritätisch von Arbeitnehmern und Arbeitgebern gezahlten Beiträge bilden auch in Zukunft die Grundlage unserer Sicherungssysteme. Wir wollen sie ergänzen durch eine höhere und gesicherte Steuerfinanzierung, die alle nach ihrer Leistungsfähigkeit beteiligt. Auch aus ökonomischen Gründen muss die Finanzierung des Sozialstaates auf eine breitere Grundlage gestellt werden, um Erwerbsarbeit zu entlasten. Der vorsorgende Sozialstaat muss deshalb stärker am Bürgerstatus und weniger am Erwerbsstatus ansetzen.“ 58

„Die Prinzipien der solidarischen Bürgerversicherung wollen wir auch in der Pflegeversicherung anwenden. Für eine menschenwürdige Pflege kommt es darauf an, dass sich Familie, privates Umfeld, ambulante und stationäre Einrichtungen wirksam ergänzen. Menschen bedürfen am Lebensende der besonderen Solidarität. Jeder Mensch hat Anspruch auf ein Sterben in Würde.“ 58

Ausschnitte aus dem Grundsatzprogramm der CDU (2007) „Freiheit und Sicherheit“

„Die CDU ist die Volkspartei der Mitte. In ihr sind auch heute die politischen Strömungen lebendig, aus denen sie nach 1945 entstanden ist: die christlich-soziale, die liberale und die wertkonservative. Wir orientieren uns am christlichen Bild vom Menschen und seiner unantastbaren Würde und davon ausgehend an den Grundwerten Freiheit, Solidarität und Gerechtigkeit. Wir streben nach dem richtigen Verhältnis der Grundwerte zueinander.“ 2

„Solidarität ist ein Gebot der Nächstenliebe und entspricht der sozialen Natur des Menschen. Das Ziel, ein menschenwürdiges Leben für alle zu ermöglichen, verpflichtet uns zu solidarischem Handeln. Solidarität muss vor allem den Menschen gelten, die noch nicht, nicht mehr oder dauerhaft nicht sich selbst die Grundlagen eines freien Lebens schaffen können.“ 8

„Jeder hat das Recht auf und die Pflicht zur Solidarität und trägt mit seiner Arbeit und Leistung dazu bei, dass die Gemeinschaft für den Einzelnen eintreten kann. Wir bekennen uns zu dieser wechselseitigen Verantwortung. Elementare Formen der Solidarität sind Hilfe und Unterstützung im unmittelbaren persönlichen Miteinander - in der Familie, unter Freunden und Nachbarn und in privaten Gemeinschaften. Dort aber, wo die Kräfte des Einzelnen überfordert sind, müssen die Gemeinschaft und der Staat helfen.“ 8

„Die soziale Sicherung beruht auf dem Grundgedanken der Solidarität. Gemeinschaftlich werden die Risiken abgesichert, die der einzelne allein nicht bewältigen kann. Es werden weder Almosen noch eine kostenlose Versorgung gewährt, wohl aber ein Leben in sozialer Sicherheit ermöglicht. Wer Solidarität übt, ist zum Verzicht bereit. Wer auf die Solidarität des Staates baut, hat auch Pflichten dem Staat gegenüber. Die soziale Sicherung hat befriedende und befreiende Wirkung. Solidarität verbietet es, das System der sozialen Sicherung zu missbrauchen.“ 9

„Solidarität erfordert Subsidiarität. Subsidiarität erfordert eigenverantwortliches Handeln. Der Staat soll dem Bürger dieses Handeln ermöglichen und erleichtern.“ 9

„Solidarität verpflichtet uns gegenüber künftigen Generationen. Ohne die Solidarität zwischen den Generationen erreichen wir keine Generationengerechtigkeit. Alle politischen Entscheidungen müssen dieser Verantwortung gerecht werden. Wir dürfen nicht auf Kosten unserer Kinder und Kindeskinder leben. Wir dürfen auch nicht auf Kosten unserer Mitmenschen in anderen Teilen der Welt leben. Wir setzen uns für eine weltweite Solidarität der Völkergemeinschaft ein. Ohne sie ist die Kluft zwischen Arm und Reich nicht zu überwinden und die Bewahrung der Schöpfung nicht möglich.“ 9

„Ohne die gemeinsame Wertschätzung unseres freiheitlichen Gemeinwesens, ohne Patriotismus, ohne die Bereitschaft, in Heimat und Nation Pflichten zu erfüllen, Verantwortung zu übernehmen und Solidarität zu üben, kann ein Staat nicht gedeihen. Unsere Geschichte ist voller Erfahrungen und großer Leistungen in Wissenschaft und Kunst, in Wirtschaft und Politik. Wir blicken zurück auf eine beachtliche Tradition von Rechtsstaat, Verfassung und guter Verwaltung, wir haben den Sozialstaat begründet und die soziale Marktwirtschaft entwickelt, wir leben seit vielen Jahrzehnten in Frieden und in einer stabilen Demokratie als Teil der europäischen Völkerfamilie, und wir haben die Wiedervereinigung friedlich vollendet. Zu unserer Identität gehört aber auch, dass wir die beschämenden Jahre des menschenverachtenden Nationalsozialismus als dauernde Mahnung bewusst halten, sie nicht verdrängen und gegen nichts aufrechnen. Patriotismus bedeutet für uns, im Bewusstsein der Vergangenheit unseres Landes seine Zukunft verantwortlich zu gestalten.“ 13

„Das christliche Menschenbild leitet uns auch in Zukunft. Jeder Mensch hat das Recht auf die freie Entfaltung seiner Person. Jeder trägt aber auch Verantwortung für seinen Mitmenschen. Unser Leitbild der Chancengesellschaft trägt dieser Balance von Entfaltung und Verantwortung, von Freiheit und Sicherheit Rechnung. Dieses Leitbild entspricht dem aus dem christlichen Menschenbild abgeleiteten Grundverständnis. Die Chancengesellschaft ist der Kern einer menschlichen Gesellschaft. Sie befähigt den Menschen und eröffnet Möglichkeiten. Wir stehen für Respekt vor Leistung und Erfolg, für das Recht auf eine neue Chance im Falle des Scheiterns und für Solidarität gegenüber den Schwachen.“ 20

„In Zeiten, in denen Vieles in Bewegung gerät, brauchen die Menschen Vertrauen auf ein Leben in Sicherheit. Es ist Aufgabe der Politik, für die Menschen Rahmenbedingungen zu schaffen, in denen sie ein sicheres Leben führen können. Sicherheit hat heute viele Dimensionen. Die Stärkung der Familie und des Zusammenhalts der Generationen, die Verbesserung von Erziehung und Bildung sowie die Erneuerung der Sozialen Marktwirtschaft schaffen die Bedingungen für soziale Sicherheit. Sozial sicher lebt, wer sich auf Solidarität verlassen kann, wem immer wieder Chancen eröffnet werden, auch neue Chancen, an der globalen Wissensgesellschaft teilzuhaben.“ 21

„Die CDU steht für eine Gesellschaft, in der Freiheit, Solidarität und Gerechtigkeit gelebt werden. Wenn die Grundwerte im richtigen Verhältnis zueinander stehen, ist auch das Bedürfnis der Menschen nach Sicherheit erfüllt. Freies und sicheres Leben verwirklicht sich in der Chancengesellschaft.“ 22

„Junge Menschen haben heute weniger als früher die Chance, das gesellschaftliche Miteinander schon in der Familie einzuüben. Unterschiedliche Lebensentwürfe, die früher durch verschiedene Lebensarten und berufliche Ausrichtungen in einer Großfamilie ganz selbstverständlich waren, stehen immer seltener als vielfältige familiäre Vorbilder bereit, an denen sich Kinder und Jugendliche orientieren können. Die junge Generation braucht für ein gelingendes Leben nicht nur viel Wissen, sondern auch soziale Kompetenzen, damit sie ihr Leben meistern kann. Auch in der Jugend gilt: jeder muss sich anstrengen, so gut er kann. Eine Politik, die Menschen zu Eigenverantwortung und Solidarität motiviert, handelt sozial.“ 22

„Die sozialen Fragen von heute sind von einer anderen Qualität als in der Vergangenheit und sie erfordern eine andere politische Herangehensweise. Mit traditionellen Methoden allein, wie mehr Geld, mehr Personal und mehr Vorschriften, ist den neuen sozialen Herausforderungen nur unzureichend beizukommen: Ob es sich darum handelt, die Nachbarschaft und ganze Stadtviertel nicht veröden zu lassen, Menschen mit Behinderung nicht auszugrenzen, die Integration von Zuwanderern zu einem Erfolg zu führen – all das erfordert mehr als staatliche

Maßnahmen. Um die großen Fragen unserer Zeit erfolgreich anzugehen, brauchen wir neu gelebte Solidarität und Eigeninitiative aus der Mitte der Gesellschaft." 24

„Die CDU ist nicht die Partei, die reflexartig vom Staat die Lösung aller gesellschaftlichen Probleme erwartet. Sie ist deshalb besser als andere dazu in der Lage, Antworten auf die sozialen Herausforderungen zu finden. Das Prinzip der Subsidiarität ist heute aktueller denn je. Die CDU will die kleinen Einheiten stärken, aus denen beides erwächst: Entfaltung und Zusammenhalt, Eigenverantwortung und Solidarität. Die erste und wichtigste Gemeinschaft ist die Familie." 24

„Familien werden immer wichtiger und sind das Fundament unserer Gesellschaft. Familie ist überall dort, wo Eltern für Kinder und Kinder für Eltern dauerhaft Verantwortung tragen. Sie ist der Ort, an dem Partnerschaft und Solidarität gelebt und der Sinn für Gerechtigkeit vermittelt wird. In ihr reift der Mensch zur Persönlichkeit heran und entfaltet sich zur Freiheit in Verantwortung. Hier werden Werte gelebt, die sich aus dem christlichen Verständnis vom Menschen ergeben – seiner unveräußerlichen Würde und seiner Mitmenschlichkeit." 25

„Ziel unserer Familienpolitik ist es, den Familien Gerechtigkeit widerfahren zu lassen; ein Leben mit Kindern und die Verwirklichung von Kinder- und Familienwünschen zu erleichtern. Wir wollen starke Familien, in denen die Kinder zu starken Persönlichkeiten heranwachsen, fähig zu Eigenverantwortung und Solidarität." 26

„Die soziale Sicherheit und der gesellschaftliche Zusammenhalt erfordern, dass wir Kinder zu starken Persönlichkeiten heranbilden, die Vertrauen haben in ihre eigenen Fähigkeiten, soziale Rücksicht lernen und fähig sind zu Eigenverantwortung und Solidarität." 32

„Die Soziale Marktwirtschaft geht vom einzelnen Menschen als Geschöpf Gottes aus, dessen Würde unantastbar ist. Sie ist eine Ordnung, in der Freiheit, Solidarität und Gerechtigkeit einander erfordern und ergänzen." 48

„Die Soziale Marktwirtschaft bezieht ihre Stärke daraus, dass Freiheit und Verantwortung, Wettbewerb und Solidarität eine Einheit bilden und einander fördern. Sie ist die untrennbare Verbindung von freiheitlicher Wirtschafts- und solidarischer Sozialordnung.
Die Soziale Marktwirtschaft ist sozial, weil sie den Menschen die Möglichkeit gibt, ihrer Bestimmung zur Selbstständigkeit gemäß zu leben und für sich und für die Ihren selbst zu sorgen. Sie ist sozial, weil sie die Kräfte der Einzelnen in ein gesellschaftliches Zusammenwirken führt. Sie ist sozial, weil sie die Solidarität, auf der unsere staatlich organisierten Systeme der sozialen Sicherung beruhen, ökonomisch ermöglicht. Soziale Marktwirtschaft ermöglicht die Chance auf Wohlstand und Sicherheit für alle. Soziale Marktwirtschaft bedeutet Teilhabe auch für die, die einen angemessenen Lebensstandard nicht aus eigener Kraft erarbeiten können. So verwirklicht sie soziale Gerechtigkeit." 48

„Die Soziale Marktwirtschaft vereint Leistungswillen und Solidarität. Einrichtungen der Solidarität dürfen nicht den Leistungswillen des Einzelnen lähmen. Leistung ist eine wesentliche Grundlage für Wohlstand. Auf dieser Grundlage kann der soziale Frieden gesichert werden." 48

„Solidarität und soziale Sicherheit kommen nicht in erster Linie vom Staat. Der Mensch ist von Natur aus ein soziales, auf Gemeinschaft hin angelegtes Wesen, zur Solidarität fähig und verpflichtet. Von der Familie über die Nachbarschaft, das Ehrenamt, Vereine und Initiativen bis hin zu den Kirchen und christlichen Gemeinschaften gibt es viele soziale Orte und Institutionen, die täglich Solidarität leben. Entsteht Solidarität nicht immer wieder neu aus der Mitte der Gesellschaft heraus, wird sie eines Tages fehlen, wenn es um die Grundlagen der sozialen Sicherheit geht. Ehe, Familie, Kindergarten, Schule und Berufsausbildung sind für die Lebenschancen der Menschen und für ihr späteres soziales Wohlergehen wichtiger als vieles andere." 60

„Die CDU ist einer sozialen Politik verpflichtet, die die Lebenschancen der Menschen und das Miteinander in der Gesellschaft verbessert. Eine nur auf finanzieller Zuwendung beruhende Vorstellung von Sicherheit und Solidarität lehnen wir ab. Nur eine Kombination aus Eigenverantwortung, staatlichen Leistungen und bürgerschaftlichem Engagement kann die Sicherheit schaffen, die die Menschen brauchen." 61

„Bei der Gestaltung der sozialen Sicherungssysteme orientieren wir uns an drei Grundsätzen: Sie müssen das Prinzip der Eigenverantwortung stärken, dem Prinzip der Generationengerechtigkeit entsprechen und dürfen das Prinzip der Leistungsgerechtigkeit nicht verletzen. Ihre Abhängigkeit von der Erwerbsarbeit muss reduziert werden. Deshalb müssen soziale Sicherheit und Erwerbsarbeit weiter entkoppelt sowie die Finanzierung auf breitere Basis gestellt werden. Unsere sozialen Sicherungssysteme müssen unterschiedlichen Bedürfnissen, Lebensphasen und Lebenslagen Rechnung tragen. Dabei müssen Grundrisiken zuverlässig für alle abgesichert sein. Die Bereitschaft und Fähigkeit zur individuellen Vorsorge müssen gestärkt werden. In allen Sicherungssystemen müssen Wettbewerb, Transparenz, Effizienz, Kosten- und Verantwortungsbewusstsein und das Subsidiaritätsprinzip gestärkt werden. Wir werden Missbrauch von sozialen Leistungen und Schwarzarbeit entschieden bekämpfen, denn sie untergraben die Solidarität." 61

„Mit ihren Steuern stellen die Bürger dem Staat die notwendigen finanziellen Mittel zur Verfügung, die er zur Erfüllung seiner Aufgaben braucht. Damit die Bürger das Steuerrecht akzeptieren, muss es den Prinzipien folgen: einfach, niedrig, gerecht. Es entspricht unseren Grundwerten von Solidarität und Gerechtigkeit, dass finanziell Leistungsfähige stärker in die Pflicht genommen werden als Schwache. Zugleich darf das Steuerrecht den finanziellen Freiraum der Bürger nicht durch überzogene Steuersätze einschränken. Ein Steuersystem mit niedrigen Steuersätzen fördert Leistung und Initiative und ermöglicht den Bürgern, Vorsorge zur Absicherung von Lebensrisiken treffen zu können. Ein einfaches Steuersystem schafft mehr Gerechtigkeit als ein kompliziertes, welches jedem Einzelfall gerecht zu werden versucht. Je komplizierter es ist, desto mehr Vorteile hat derjenige, der sich teure Beratung leisten kann, ohne die er in der Regel nicht in der Lage ist, alle Steuersparmöglichkeiten zu nutzen." 70

„Die neuen Länder haben einen tief greifenden Umbruch von der totalitären Diktatur zur Demokratie und von der zentralen Planwirtschaft zur Sozialen Marktwirtschaft gestaltet. Durch Engagement und Solidarität in ganz Deutschland, historisch einmalige finanzielle Transferleistungen, Fleiß und Aufbauwillen, sind viele Regionen aufgeblüht und präsentieren sich als moderner Teil Deutschlands im Herzen Europas." 71

„Heilung, Leidminderung und die helfende Begleitung von Menschen in lebensbedrohlichen Situationen sind Ausdruck von Humanität, Solidarität und der im christlichen Glauben begründeten Nächstenliebe. Behinderte, Kranke, Sterbende und Menschen in anderen schwierigen Lebensphasen haben ein Anrecht auf ein menschenwürdiges Leben. Wir unterstützen die Palliativmedizin, die Hospize und andere Formen der Sterbebegleitung, die Sterbenden die letzte Lebensphase und ihnen und ihren Angehörigen ein würdiges Abschiednehmen erleichtern. Aktive Sterbehilfe lehnen wir ab. Wir wollen die Bereitschaft zur Organspende stärken." 74

„Freiheit, Solidarität und Gerechtigkeit sind Richtschnur für unsere Außen-, Sicherheits und Entwicklungspolitik. Dies entspricht unserer Verpflichtung, die Freiheit und die Sicherheit der Menschen in Deutschland zu gewährleisten. Wir wollen Gefahren von unserem Land abwehren und uns zugleich weltweit für die Schaffung von Frieden und Freiheit sowie die Geltung der Herrschaft des Rechts und der universellen Menschenrechte einsetzen. So schaffen und erhalten wir die Voraussetzungen dafür, dass unser Land sich in Frieden mit anderen Ländern gesellschaftlich, kulturell und wirtschaftlich austauschen, seinen Wohlstand mehren und seine Gesellschaft entwickeln kann." 106

„Um unserer internationalen Verantwortung gerecht zu werden, sind die Mittel und Instrumente für die Außen-, Sicherheits- und Entwicklungspolitik den Aufgaben und Verpflichtungen entsprechend bereitzustellen. Erfolgreiche Außenpolitik muss den nationalen Interessen unseres Landes folgen. Dazu gehört die Erkenntnis: Wenn wir international Solidarität üben, werden wir von anderen Staaten selbst Solidarität erfahren. Es entspricht daher unserem Interesse, unsere Politik nicht national zu verengen, sondern auf einen gerechten Interessenausgleich auszurichten." 107

Ausschnitte aus dem Grundsatzprogramm DIE LINKE (2011) „Programm"

„Grenzenloser Reichtum für die oberen Zehntausend, Entwürdigung für immer mehr Arme und sinkender Wohlstand für die große Mehrheit sind nicht Ergebnis der Internationalisierung von Produktion und Handel, sondern des globalen Kapitalismus. Die Konsequenzen für Deutschland sind allgegenwärtig: ein wachsender Niedriglohnsektor, Arbeitsplatzvernichtung, Abbau von sozialen Leistungen, verarmte Kommunen, fehlende Ausbildungsplätze, soziale Bildungsprivilegien, Zwei-Klassen-Medizin, alte Menschen in Armut oder ohne menschenwürdige Pflege. Die herrschende Politik hat sich den Interessen der Konzernchefs und Vermögensbesitzer untergeordnet. Diese Agenda ist gegen die Interessen der Mehrheit der Menschen gerichtet. Wir setzen auf globale Kooperation und Solidarität statt auf das Recht des Stärkeren. Eine Welt unter dem Diktat eines allmächtigen globalen Kapitalismus ist keine erstrebenswerte Welt. Im Mittelpunkt von Wirtschaft und Politik müssen die Lebensbedürfnisse und Interessen der Mehrheit der Menschen stehen." 4-5

„Wir wollen dazu beitragen, dass aus passivem Unmut aktive Gegenwehr wird. Wir setzen Lohndumping, Sozialraub und dem Ausverkauf öffentlichen Eigentums Widerstand entgegen. Wir wollen die gesellschaftlichen Kräfteverhältnisse verändern und ringen um eine andere Politik. Demokratie, Freiheit, Gleichheit, Gerechtigkeit, Internationalismus und Solidarität gehören zu unseren grundlegenden Werten. Sie sind untrennbar mit Frieden, Bewahrung der Natur und Emanzipation verbunden. Wir kämpfen für einen Systemwechsel, weil der Kapitalismus, der auf Ungleichheit, Ausbeutung, Expansion und Konkurrenz beruht, mit diesen Zielen unvereinbar ist." 5

„Individuelle Freiheit und Entfaltung der Persönlichkeit für jede und jeden durch sozial gleiche Teilhabe an den Bedingungen eines selbstbestimmten Lebens und Solidarität – das gilt uns als erste Leitidee einer solidarischen Gesellschaft. Darin ist die Dominanz des Profits überwunden, und verlässliche und gute Lebensbedingungen für alle sind das Ziel des Wirtschaftens.“ 5

„für internationale Solidarität und Kooperation zur Verbesserung der Lebensbedingungen aller Menschen. Die Welt ist reich genug, um die ganze Menschheit vernünftig zu ernähren. Wir solidarisieren uns mit allen, die für Frieden, soziale und politische Gerechtigkeit und die Verwirklichung der Menschenwürde streiten. 8

„Zu den Erfahrungen der Menschen in der Bundesrepublik gehörte zunehmender gesellschaftlicher Wohlstand, an dem alle gesellschaftlichen Schichten teilhatten, sowie eine parlamentarische Demokratie. Doch gleichzeitig bestanden autoritäre und obrigkeitsstaatliche Strukturen fort. Seit den 60er Jahren entwickelte sich eine gesellschaftskritische außerparlamentarische Opposition. Das war eine Bewegung für mehr Demokratie und Solidarität, gegen autoritäre Tendenzen, für andere Lebensentwürfe, für mehr Selbstverwirklichung der Einzelnen, gegen Bildungsprivilegien, Medien- und Kapitalmacht und den Vietnam-Krieg der USA.“ 11

„Im Jahr 2007 haben sich Linkspartei.PDS und WASG zur neuen Partei DIE LINKE vereinigt. DIE LINKE ist Teil der 2004 gegründeten Partei der Europäischen Linken. Wir laden alle Menschen ein, die eine andere Politik und eine bessere Welt wollen, die für Freiheit und Gleichheit, für Emanzipation, soziale Gerechtigkeit und für internationale Solidarität, Frieden und Ökologie eintreten, daran mitzuwirken.“ 13

„Immer mehr Menschen werden in extreme Unsicherheit und wachsende Armut gezwungen. Angst vor sozialem Absturz prägt das Leben großer Teile der Bevölkerung – darunter in zunehmendem Maß auch hoch qualifizierter Arbeitskräfte. Ausuferndes Gewinnstreben und wachsende materielle Ungleichheit zersetzen die Gesellschaft von innen. Konkurrenzkampf, Misstrauen, soziale Abgrenzung und Unsicherheit wachsen, Kooperation, Vertrauen in gesellschaftliche Strukturen und die Bereitschaft, soziale Verantwortung zu übernehmen, schwinden. Darunter leidet auch die generationenübergreifende Solidarität, denn unsere Gesellschaft baut auf dem auf, was die vorangegangene Generation geschaffen hat, und ist in ihrer Zukunft auf Bildung, Können, Arbeit und Verantwortungsbewusstsein der kommenden Generation angewiesen. Das Bildungssystem trägt zur sozialen und kulturellen Spaltung der Gesellschaft bei. Rassismus und faschistische Tendenzen, Antisemitismus und Islamfeindlichkeit nehmen zu. Migrantinnen und in die Illegalität gezwungene Mädchen und Frauen mit und ohne Behinderungen sind noch häufiger Opfer von Gewalt. Migrantinnen und Migranten sind von menschenrechtswidrigen Abschiebungen bedroht. Repressive Elemente in der Innenpolitik werden ausgeweitet.“ 23

„Der Kapitalismus ist nicht das Ende der Geschichte, sondern eine Etappe der Menschheitsentwicklung, in der sich zwar viele Hoffnungen der Aufklärung erfüllten und eine enorme Steigerung der menschlichen Produktivkräfte stattfand, die aber auch massenhafte Verelendung, Völkermord und unvorstellbare Kriege über die Menschheit brachte. Heute, da der Kapitalismus zu einem globalen System geworden ist, treibt sein Raubbau an Mensch und Natur in eine globale, die menschliche Zivilisation bedrohende Krise. Wir sind davon überzeugt, dass den vielfachen Krisenszenarien nur durch Überwindung des kapitalistischen Ausbeutungssystems, Veränderung der Produktions- und Lebensweise, durch globale Solidarität, die Überwindung des Geschlechtergegensatzes, die Demokratisierung aller Lebensbereiche und eine Veränderung des Verhältnisses von Mensch und Natur entgegengewirkt werden kann. Der Kapitalismus kann überwunden werden, wenn es gelingt, Mehrheiten zu gewinnen für einen Aufbruch zu einer anderen Art zu arbeiten und zu leben.“ 27

„Die Überwindung der Dominanz kapitalistischen Eigentums in der Wirtschaft und ein sozialer Rechtsstaat sind dafür die wichtigsten Grundlagen. Alle Menschen sollen am Reichtum teilhaben können. Der sozial gleiche Zugang jedes Menschen zu den Bedingungen eines freien Lebens und die Demokratisierung aller Lebensbereiche gehören zusammen. Sozialismus und Demokratie sind untrennbar. Wir wollen eine andere Art von wirtschaftlicher Entwicklung und wissenschaftlich-technischem Fortschritt, um die natürliche Umwelt zu bewahren und den nachfolgenden Generationen eine verbesserte Welt zu hinterlassen. Wir wollen, dass Rechtsstaat und Sozialstaat eine Einheit bilden, und streiten für eine weltweite Ordnung, die durch Frieden, Solidarität und Gerechtigkeit geprägt ist. So kann ein gutes Leben gestaltet, eine soziale Demokratie hergestellt und erweitert werden.“ 27

„Wir stehen mit unserem Kampf um gesellschaftliche Alternativen jenseits der kapitalistischen Produktions- und Lebensweise nicht allein. Unterschiedlichste Kräfte und verschiedene Bewegungen sind davon überzeugt, dass eine andere Welt möglich ist: eine Welt ohne Krieg, Ausbeutung, Fremdbestimmung und ökologische Zerstörung. Sie suchen, wie in Lateinamerika, nach neuen Wegen für eine nichtkapitalistische Entwicklung und fordern nicht nur unsere Solidarität, sondern auch unsere Lernbereitschaft. In den Ländern des globalen Südens entwickeln sich neue Formen des Eigentums und der Kooperation, die wichtige Akzente gegen den Neoliberalismus setzen. DIE LINKE beobachtet mit großem Interesse das Modell der ALBA-Staaten, die eine solidarische ökonomische Zusammenarbeit vereinbart haben. Die Kompliziertheit der Probleme und Ausgangsbedingungen verbietet jeden Anspruch auf eine führende Rolle des einen oder anderen Landes, dieser oder jener Bewegung oder einer einzelnen Partei.“ 27-28

„Wir streben eine neue, gerechte Verteilung der Erwerbsarbeit und der anderen gesellschaftlich notwendigen Arbeiten an. Wir wollen, dass alle Menschen am gesellschaftlich organisierten Arbeitsprozess mitwirken, gleichberechtigt gesellschaftliche Entwicklung und Kultur mitgestalten und demokratische Entscheidungsprozesse beeinflussen können. Deshalb streiten wir für ein öffentliches Bildungssystem, das niemanden ausgrenzt, sondern alle bestmöglich fördert und in die Lage versetzt, ihren eigenen Berufs- und Lebensweg selbstständig zu gestalten. Bildung darf nicht darauf beschränkt bleiben, Menschen zu befähigen, sich in vorgegebene Strukturen einzupassen. Ziel von Bildung muss es sein, Menschen in die Lage zu versetzen, die Welt zu verändern, soziale, ökologische und demokratische Reformen zu entwickeln und umzusetzen. Wir wollen Solidarität und gemeinsames, forschendes Lernen als Leitlinien in der Bildung verankern und damit die Grundlage für gemeinsame gesellschaftliche Veränderungen schaffen. Wir wollen die Klassengesellschaft überwinden. Die neue und bessere Ordnung, die der demokratische Sozialismus erstrebt, ist eine von Klassenschranken befreite Gesellschaft.“ 28

„DIE LINKE lässt sich von dem Ziel leiten, dass alle Menschen, unabhängig davon, in welcher Region der Erde sie leben, selbstbestimmt, in Würde und Solidarität leben können. Diesem Ziel liegt ein Menschenbild zugrunde, das von der Universalität und Unteilbarkeit der Menschenrechte ausgeht und lediglich eine Begründung braucht: Weil ich ein Mensch bin. Es greift Marx' Vision im Kommunistischen Manifest auf: »An die Stelle der alten bürgerlichen Gesellschaft mit ihren Klassen und Klassengegensätzen tritt eine Assoziation, worin die freie

Entwicklung eines jeden die Bedingung für die freie Entwicklung aller ist.« Diese Vision setzt die Abschaffung von Kriegen, den Stopp der Zerstörungen unserer Umwelt und der natürlichen Lebensgrundlagen ebenso voraus wie die Beseitigung von Ausbeutung und Unterdrückung, von Diskriminierung, von Hunger, Armut und Unterentwicklung. Sie wird nur über den Weg einer umfassenden Demokratisierung aller Lebensbereiche möglich. Sie ist Utopie und Realismus zugleich. Unser Ziel eines demokratischen Sozialismus im 21. Jahrhundert ist eine herrschaftsfreie Gesellschaft, in der alle Menschen menschenwürdig leben können. Demokratischer Sozialismus orientiert sich an den Werten der Freiheit, Gleichheit, Solidarität, an Frieden und sozialökologischer Nachhaltigkeit. Diese bestimmen auch die Mittel auf dem Weg zu einer demokratisch-sozialistischen Gesellschaft. Demokratischer Sozialismus fördert die Entfaltung der zivilisatorischen Entwicklungspotenziale der Gesellschaft und zielt auf grundlegende Veränderungen der herrschenden Eigentums-, Verfügungs- und Machtverhältnisse. Er verbindet Protest und Widerstand, den Einsatz für soziale Verbesserungen und linke Reformprojekte unter den gegebenen Verhältnissen und die Überschreitung der Grenzen des Kapitalismus zu einem großen Prozess gesellschaftlicher Umgestaltung, der das 21. Jahrhundert bestimmen wird. Er knüpft an ökonomische Entwicklungen an, die bereits heute über kapitalistische Produktionsformen hinausweisen." 28-29

„Die nachhaltige Überwindung der wirtschaftlichen Krise und der Massenerwerbslosigkeit, der sozialen Krise und der Energie- und Klimakrise erfordert eine andere Wirtschaftsordnung, die nicht mehr vom Streben nach maximalem Profit beherrscht wird. Als erster Schritt ist ein grundlegender Richtungswechsel der ökonomischen und gesellschaftlichen Entwicklung notwendig, ein sozial-ökologischer Umbau. Dazu muss Die gesamte Wirtschafts- und Lebensweise und insbesondere das Energiesystem naturverträglich umgestaltet und auf regenerative Quellen umgestellt werden. Dies muss verbunden werden mit einer Politik zur Verbesserung der Arbeits- und Lebensbedingungen der Mehrheit. Die soziale Sicherung sowie öffentliche und soziale Dienstleistungen müssen aus statt abgebaut werden. Die Umverteilung von unten nach oben muss gestoppt und umgekehrt werden. Der Finanzsektor muss demokratischer Kontrolle unterworfen werden. Statt Privatisierung muss der öffentliche und gemeinwirtschaftliche Sektor wieder erweitert werden. Demokratische und soziale Rechte, Bildungs- und Beteiligungsmöglichkeiten aller Menschen und insbesondere benachteiligter Gruppen müssen gestärkt werden. Notwendig sind friedliche und kooperative Konfliktlösungen, Abrüstung und globale Solidarität statt Kriegsführung unter welchem Deckmantel auch immer. DIE LINKE ist der Überzeugung, dass ein krisenfreier, sozialer, ökologischer und friedlicher Kapitalismus nicht möglich ist. Aber im Ergebnis gesellschaftlicher und politischer Kämpfe und veränderter Kräfteverhältnisse ist es möglich, eine andere Entwicklungsrichtung durchzusetzen und so auch Ausgangsbedingungen für weitergehende demokratisch-sozialistische Umgestaltungen zu schaffen. In solchen Auseinandersetzungen werden die Konzepte, gesellschaftliche Kräfte und Mehrheiten für Alternativen zum Kapitalismus entwickelt." 34-35

„Gleichheit und Gerechtigkeit für Menschen mit Behinderung
Um Menschen mit Behinderung die gleichberechtigte Teilhabe am gesellschaftlichen Leben zu ermöglichen, sind Nachteilsausgleiche und das Recht auf Selbstvertretung auf allen Ebenen unerlässlich. DIE LINKE steht für eine Politik, die in allen gesellschaftlichen Bereichen die Rechte der Menschen mit Behinderung beachtet und durchsetzt. In allen Verwaltungen, in den Kommunen, in den Bildungseinrichtungen, in den Einrichtungen der Fürsorge und Wohlfahrt, im Gesundheitswesen, in den Parteien, Vereinen, Interessenverbänden und in der Wirtschaft – überall müssen die Bürgerrechte Barrierefreiheit, Freiheit, Gleichheit, Brüderlichkeit, Recht auf Teilhabe (Partizipation), Emanzipation, Inklusion und Solidarität gelebt werden." 53

„Wir halten es für sinnvoll, in Diskussionen zwischen älteren Menschen und Jugendlichen, in Geschichtsprojekten, kulturellen und sportlichen Veranstaltungen die Solidarität zwischen den Generationen aktiver zu gestalten." 55

„Bildung ist ein Menschenrecht. Sie soll Menschen in die Lage versetzen, als Individuen und gemeinsam mit anderen ein freies, ein sozial verantwortliches und selbstbestimmtes Leben zu führen und die gesellschaftliche Entwicklung aktiv mit zu gestalten. Eine solche emanzipatorische Bildung erfordert Selbstbestimmung der Lernenden und fördert Kreativität, Kritik- und Handlungsfähigkeit, Solidarität und historisch-politisches Bewusstsein. Sie entwickelt die Kompetenzen zur Bearbeitung der gesellschaftlichen und globalen Schlüsselprobleme der Menschheit. Bildung ist für uns umfassende Persönlichkeitsentwicklung und darf nicht auf den ökonomisch verwertbaren Wissenserwerb verengt werden. Auch auf europäischer Ebene setzen wir uns für eine entsprechende bildungspolitische Kehrtwende ein." 57

„Frieden in Solidarität statt Kriege. Für DIE LINKE ist Krieg kein Mittel der Politik. Wir fordern die Auflösung der NATO und ihre Ersetzung durch ein kollektives Sicherheitssystem unter Beteiligung Russlands, das Abrüstung." 69

„Internationale Zusammenarbeit und Solidarität: Unser Ziel ist eine solidarische Weltwirtschaftsordnung, die nachhaltige Entwicklungsperspektiven für die ärmeren Länder schafft, globale und soziale, ökologische und demokratische Rechte durchsetzt, statt die Konkurrenz um Anteile an weltweiten Exportmärkten voranzutreiben. Direktinvestitionen und transnationale Konzerne müssen strengen Regeln und Kontrollen unterworfen werden. Die Einhaltung sozialer und ökologischer Standards muss gewährleistet sein. Internationale Institutionen müssen demokratisiert werden." 71

„Die strategische Kernaufgabe der LINKEN besteht darin, zu einer Veränderung der gesellschaftlichen Kräfteverhältnisse beizutragen, um eine solidarische Umgestaltung der Gesellschaft und eine linke demokratische, soziale, ökologische und friedliche Politik durchzusetzen. Wir streben eine Veränderung der Macht- und Eigentumsverhältnisse an. Hierfür ist es erforderlich, die Solidarität der Lohnabhängigen herzustellen, von den Kernbelegschaften bis zu den Erwerbslosen und prekär Beschäftigten. Eine wichtige Aufgabe der LINKEN besteht darin, deren gemeinsame Interessen zu betonen. Die traditionelle Arbeiterbewegung mit ihrem Zusammenhang von gewerkschaftlichen und politischen Massenorganisationen, Bildungs- und Kulturvereinen, Konsumgenossenschaften, Frauen- und Jugendorganisationen und ihrer tiefen Verankerung in Arbeiterwohngebieten hat sich weitgehend aufgelöst. Das erschwert die Mobilisierung für große Massenbewegungen gegen Sozialabbau und Entdemokratisierung Und für linke Alternativen. Wir erleben jedoch Konflikte, die ein neues Klassenbewusstsein entstehen lassen können." 73

„Gemeinsam für eine bessere Gesellschaft: Immer mehr Menschen lehnen den ungehemmten Kapitalismus ab und wollen eine Gesellschaft der Freiheit, der sozialen Gleichheit, der Gerechtigkeit und der Solidarität. Gemeinsam mit ihnen will DIE LINKE für eine demokratische, soziale und ökologische Gesellschaft kämpfen, für den demokratischen Sozialismus. Die Alternative ist nicht »Freiheit oder Sozialismus«, sondern Demokratie und Freiheit in einer Gesellschaft des demokratischen Sozialismus ohne Ausbeutung und Unterdrückung. Gemeinsam können wir dieses Land verändern und eine bessere Gesellschaft aufbauen." 77

Ausschnitte aus dem Grundsatzprogramm der FDP (2012)
„Verantwortung für die Freiheit"

„Eine Gesellschaft, in der nur einer oder einige frei sind, ist selbst nicht frei. Liberale Politik steht in der Verantwortung für die Freiheit aller Menschen. Wir kämpfen in Deutschland, Europa und weltweit für die Freiheit der Menschen. Wir stehen für eine nachhaltige Entwicklung, um die ökologischen, sozialen und ökonomischen Voraussetzungen der Freiheit für kommende Generationen zu bewahren und weltweit zu mehren. Wir stehen für Solidarität und einen liberalen Sozialstaat, weil individuelle und gesellschaftliche Freiheit auch materielle Freiheit voraussetzt." 24 - 25

„Die wichtigste und grundlegende Lebensgemeinschaft ist die Familie als generationenübergreifende Verantwortungsgemeinschaft. Die Familie ist Quelle von Anerkennung und Solidarität über Generationen hinweg. Unser Bild von Ehe, Familie und anderen Verantwortungsgemeinschaften bleibt aber offen. Alle Paare sollen die Ehe eingehen können. Bei Rechten und Pflichten machen wir keine Unterschiede zwischen gleichgeschlechtlichen Lebenspartnern und Ehegatten. Die Entscheidung über die konkrete Ausgestaltung der eigenen Lebensgemeinschaft ist Privatsache." 50

„Es müssen zudem endlich überfällige Entscheidungen getroffen werden, die unsere sozialen Sicherungssysteme fair und zukunftssicher gestalten. Nicht generationengerecht finanzierte soziale Sicherungssysteme können wir uns nicht länger leisten. Die Balance von Selbstvorsorge und Solidarität muss an den Lebenschancen von Alten und Jungen neu ausgerichtet werden. Jede Generation hat in Zukunft verstärkt kapitalgedeckte Eigenvorsorge zu betreiben. Die Risiken der Finanzmärkte, der Inflation und der demographischen Veränderung müssen durch eine jeweils abgestimmte Kombination von Vorsorgeformen begrenzt werden." 58

„Liberale Gesundheitspolitik orientiert sich am Patienten. Jeder Bürger ist für seine Gesundheit zunächst selbst verantwortlich. Die Versichertengemeinschaft übt Solidarität für die großen Gesundheitsrisiken, die der Einzelne nicht tragen kann." 58

„Eine offene Bürgergesellschaft bedarf einer gemeinsamen Ethik der Freiheit. Bürger achten einander als freie und gleichberechtigte Mitglieder einer gemeinsamen und fair geordneten Republik. Zu ihren Tugenden zählen neben Fairness und Verantwortung auch Toleranz und Solidarität." 77

„Die Tugend der Solidarität zeigt sich in sozialer Verantwortung. Sie setzt Selbstverantwortung voraus, übt sich in Rücksicht auf andere und vollendet sich in der Sorge um die fairen Chancen der Anderen. Wer die soziale Verantwortung vernachlässigt, schädigt das freiheitliche Miteinander und seine Ordnungen und damit die Freiheit aller anderen." 78

Ausschnitte aus dem Grundsatzprogramm der AFD (2016)
„Programm für Deutschland"

Ausschnitte aus dem Grundsatzprogramm der CSU (2016)
„Die Ordnung"

„Das S in unserer Partei steht für den sozialen Zusammenhalt. Der Mensch ist als Individuum geboren und mit individuellen Rechten und Pflichten ausgestattet. Er braucht aber auch Gemeinschaft. Wir bekennen uns zu einer Ordnung, die dem Einzelnen ermöglicht, sich in Gemeinschaft zu entfalten. Unsere gesellschaftliche Werteordnung basiert auf den Leitwerten von Menschenwürde, Freiheit und Verantwortung. Aus ihnen erwachsen Subsidiarität und Solidarität, Recht und Gerechtigkeit sowie Verantwortung in der Einen Welt." 5

„Solidarität als soziale Sicherheit
Solidarität ist die zwingende Ergänzung von Eigenverantwortung. Aus der Eigenverantwortung erwächst die Leistungskraft des Menschen. Sie ist Grundlage zur Unterstützung der Schwachen in unserer Gesellschaft. Auch derjenige, der trotz allem Bemühen nicht für sich sorgen kann, hat das Recht auf soziale Sicherheit und ein selbst bestimmtes Leben in Würde. Soziale Sicherheit ist eine solidarische Gemeinschaftsaufgabe von Bürgern und Staat. In der gelebten Solidarität in Familie, Nachbarschaft und Gesellschaft zeigt sich die Humanität einer Gesellschaft. Das ehrenamtliche und bürgerschaftliche Engagement hat einen unschätzbaren Wert, den es immer zu würdigen gilt." 6

„Wir schützen und fördern Ehe und Familie. Ursprung jeder Gemeinschaft ist die Familie. Sie ist das stärkste soziale Netz und erster Ausdruck von Solidarität. Wir stehen zum Leitbild von Ehe und Familie, ohne die Vielfalt der Lebenswirklichkeit auszugrenzen. Das von der Mehrzahl der Menschen gelebte Modell der klassischen Familie mit Mutter, Vater und Kindern muss auch in Zukunft als solches vermittelt werden, ohne andere Formen der Familie zurückzusetzen. Der Staat kann familiäre Bindungen und menschliche Fürsorge weder ersetzen noch schaffen. Er muss allen familiären Situationen gerecht werden. Die Vereinbarkeit von Familie und Erwerbstätigkeit ist zu fördern." 9

„Wir setzen auf Gemeinwohl und Solidarität. Soziale Sicherheit ist ein Gebot der Menschlichkeit. Sie ist Fundament für inneren Frieden und Grundlage wirtschaftlicher Leistungskraft. Wer in Folge von Alter, Behinderung, Krankheit oder Arbeitslosigkeit nicht für sich selbst sorgen kann, muss auf die Solidarität aller vertrauen können. Daraus einen allumfassenden Versorgungsanspruch mit Vollkaskomentalität abzuleiten, ist mit uns nicht zu machen. Der Sozialstaat wäre falsch verstanden, wenn er bevormundet und eigene Leistung hemmt. Die Staatsquote ist auf ein vernünftiges Maß zu begrenzen." 18

„Gesundheit darf keine Frage von Einkommen sein. Im Mittelpunkt unseres Gesundheitssystems steht der Mensch. Kranke, Menschen mit Behinderung und Pflegebedürftige müssen auf die Solidarität der Gemeinschaft vertrauen können. Niemand, der Hilfe benötigt, darf alleine gelassen werden. Einer Zwei- oder Mehrklassenmedizin erteilen wir eine Absage. Solidarität bedeutet, dass starke Schultern mehr tragen als schwache. Die CSU lehnt ein System ab, bei dem jeder unabhängig vom Einkommen gleich viel zahlen muss. Wir treten für eine vielgestaltige Versicherungslandschaft ein, in der verschiedene Modelle ihren Platz haben. Der medizinische und technische Fortschritt muss für alle da sein: Der Präventionsgedanke soll weiter gestärkt sowie die sprechende und beratende Medizin ausgebaut werden. Moderne Medizin hat einen ganzheitlichen Blick auf den Menschen als Einheit von Körper, Seele und Geist." 23

„Wir bekennen uns zur deutschen Nation und zu unserer Staatsräson. Das deutsche Volk strebt nach einem Leben in Frieden, Freiheit und Wohlstand. Unsere Verpflichtung ist die Wahrung und Vertretung der Interessen des deutschen Volkes. Im Bewusstsein unserer Geschichte und in Verantwortung für die Weltgemeinschaft bekennen wir uns zur Bündnissolidarität, zur Westbindung, zur europäischen Einigung sowie zu den Zielen der Vereinten Nationen. Das Existenzrecht Israels gehört für uns zur deutschen Staatsräson.“ 35

Buchtitel zu Themen aus Bereichen der Arbeit mit Menschen

Erika Adam und Stephanie Bohlen (Hrsg.)
Autonomie und Gerechtigkeit als Illusion?
Beiträge zu einer mehrdimensionalen Ethik
aus zehn Jahren M.A. Angewandte Ethik
Konstanz 2019, 332 Seiten, € 34,80. ISBN 978-3-86628-617-7

Solveig Roscher
Ungleichverteilung als soziales Problem
Frauen in Führungspositionen in börsennotierten Unternehmen
Konstanz 2019, 106 Seiten, € 18,00 . ISBN 978-3-86628-654-2

Dominic Mann, Annette Bukowski, Werner Nickolai
Vom Runden Tisch gegen Ausländerfeindlichkeit zum Runden Tisch für Mitmenschlichkeit
Die Geschichte des Runden Tisches in Breisach
Konstanz 2018, 238 Seiten, € 18,00. ISBN 978-3-86628-622-1

Weitere Buchtitel und Reihen unter **www.hartung-gorre.de**